100일이면 나도 영어천재 ③

100일이면 나도 영어천재 ③

초 판 1쇄 2019년 02월 27일
초 판 4쇄 2023년 12월 05일

지은이 이정은
펴낸이 류종렬

펴낸곳 미다스북스
본부장 임종익
편집장 이다경
책임진행 김가영, 박유진, 윤가희, 이예나, 안채원, 김요섭, 임인영

등록 2001년 3월 21일 제2001-000040호
주소 서울시 마포구 양화로 133 서교타워 711호
전화 02) 322-7802~3
팩스 02) 6007-1845
블로그 http://blog.naver.com/midasbooks
전자주소 midasbooks@hanmail.net
페이스북 https://www.facebook.com/midasbooks425
인스타그램 https://www.instagram.com/midasbooks

ISBN 978-89-6637-669-8 14740
ISBN 978-89-6637-644-5 14740(세트)

값 15,000원

미다스북스는 다음세대에게 필요한 지혜와 교양을 생각합니다.

100일이면 나도
영어천재

③ 영알못, 영어가 저절로 나오는 5주의 기적편!

이정은 지음

미다스북스

갓주아쌤에 열광하는
독자들의 감동의 글

■ 감사합니다. 매일 아침 갓주아 님과 함께 일과를 시작합니다. 영어로 하는 대화가 정말 많이 개선되고 있음을 느끼고 있습니다. – ja******

■ 어렸을 때부터 팝송 듣는 걸 좋아했는데 선생님 강의 들으면서는 따라 부르게 됩니다. 가사도 점점 또렷하게 잘 들립니다. 오늘도 많이많이 감사합니다♡
– 모****

■ 문장이 조금만 길어져도 제대로 따라 말하기가 정말 어렵네요. 그동안 영어가 안 늘었던 이유가 제대로 말하는 방법을 몰라서였음을 따라 해보면서 많이 느끼게 됩니다. 맘속에서는 쉽게 되던 게 입으로는 안 나오니 머리가 띵해질 정도로 따라 하게 되네요. 연습할 수 있도록 강의 만들어주셔서 감사해요. 잘 안되더라도 될 때까지 연습해보겠습니다. 100일 프로젝트 너무 기대됩니당♡
– 김**

■ 강의가 재밌고 정말 도움 많이 되네요. 이제 강세가 어디에 있는지 들려요. 전에는 인식 못 했었는데! 그래서 영어가…! 정말 감사합니다! – m******

■ 감사합니다. 이제 선명하게 보입니다. 제스처 하나하나 말투, 문장 다 보이네요. 감사해요. – 허**

■ 딱 좋아요! 참 좋은 강의! 다라다 다라다! 이게 진짜 영어죠. 감사합니다.
– 유**

■ 기다렸습니다!! 음소단위도 쭉쭉쭉 올려주세요! 도움 많이 돼서 '언제 올라오나' 하면서 기다리고 있어요. 저도 선생님과 비슷하게 한번 할 때 진도를 확확확 빼줘야 중단 없이 하게 되는 거 같아요. 감사합니다. – E*

4

■ 갓주아 님… 짱입니다. 정말 주아님 덕분에 포기했던 영어를 공부하고 있네요. – 갓**

■ 넘넘 좋은 강의 감사합니다^^ 선생님 덕분에 하루도 안 빠지고 매일매일 열심히 공부하고 있네요. 늘 파이팅 주시는 말씀도 너무 멋지시고! 끝까지 열심히 할게요.늘 응원합니다! – 루****

■ 갓주아샘 말씀해주시는 내용이 수영 배울 때 들었던 말이랑 비슷한 것 같아요 ^^ 힘 줄 땐 주고, 힘 뺄 땐 빼고! 마치 그동안 수영을 책으로만 배운 것 같은 느낌입니다. 물속에서 친절히 수영 개인레슨 해주시는 것처럼 영어 가르쳐주셔서 감사합니다! – 양**

■ 책도 구입하고 매일 훈련하고 있습니다. 저에게 딱 맞는 강의! 너무너무 재밌게 연습하고 있어요. 무료로 이런 열정적이고 퀄리티 있는 강의를 들을 수 있다니 정말 감사해요. 진짜 1000회 듣고 싶어요^^ 감사해요! – Ji*********

■ 반복적인 것과 약간의 오버해서 얘기하는 게 한국인들에게는 무엇보다 필요한 것 같습니다. 외국에 살지만 이런 식의 교육은 정말 꼭 필요한 것 같습니다. 이런 강의가 왜 이제 제 눈에 들어왔는지 어떻게 제 눈에 띄었는지! 정말 감사합니다. – yo***

■ 늘 발음이 한국 발음이었는데 이제야 어떻게 소리 내야 하는지 알게 되었습니다. 음소단위를 제대로 소리 내는 게 너무나 중요한 걸 영어를 배우고 너무 오랜 시간이 흐른 후에 알게 됐네요. 뭐든지 기초, 기본이 튼튼해야 함을 뼈저리게 느낍니다. 오랜 시간 영어를 하다가 다시 맨 처음으로 돌아가서 다시 배우는 느낌입니다. – P**

Contents

Week 11

Week 14

Week 15

나 _____은(는)

100일 소리튜닝 프로젝트 3단계를 통해

반드시 영어천재가 되어

_____할 것입니다.

5주 목표 플래너 – 영알못, 영어에 눈을 뜨는 기적!

여러분의 현재 실력은 어느 정도인가요? 또 매주 훈련이 끝날 때 여러분은 어디까지 발전하고 싶은가요? 현재 실력을 0~10이라고 가정하고 들리는 단계(**100: LISTENING 완성**), 말하는 단계(**100: SPEAKING 완성**)의 목표수치를 표시해봅시다!

LISTENING					
SPEAKING					
	11주차	12주차	13주차	14주차	15주차

매일 진도표에 학습 날짜와 함께 완수 정도(**10~100: 조금~완벽**)를 표시하세요. 1주일씩 끝날 때마다 자신에게 보상을 주세요!

								보상
11주	___점 Day 71	___점 Day 72	___점 Day 73	___점 Day 74	___점 Day 75	___점 Day 76	___점 Day 77	
12주	___점 Day 78	___점 Day 79	___점 Day 80	___점 Day 81	___점 Day 82	___점 Day 83	___점 Day 84	
13주	___점 Day 85	___점 Day 86	___점 Day 87	___점 Day 88	___점 Day 89	___점 Day 90	___점 Day 91	
14주	___점 Day 92	___점 Day 93	___점 Day 94	___점 Day 95	___점 Day 96	___점 Day 97	___점 Day 98	
15주	___점 Day 99	___점 Day 100	___점 Day 101	___점 Day 102	___점 Day 103	___점 Day 104	___점 Day 105	

100일 영어천재로 가는 기적의 소리튜닝 학습법

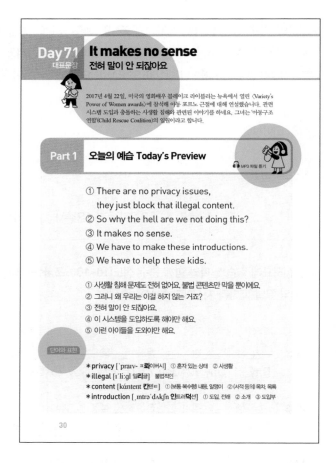

- Day별 대표문장과 설명을 읽어보고 상황을 숙지하시기 바랍니다.
- 이 책의 모든 영상 및 음원 자료는 네이버카페 '미라클영어스쿨' (https://cafe.naver.com/312edupot)에 게재되어 있으니 활용하시기 바랍니다.

MP3 파일 다운받기

•Part 1 오늘의 예습

소리튜닝 본 강의에 앞서 오늘의 문장을 확인하고 예습합니다. 위의 QR코드를 스캔하여 MP3 파일을 다운받아 들으며 반복해서 따라합니다. 하단의 단어 풀이를 참고하며 문장의 의미와 상황을 이해합니다.

① 원본 음성이 담긴 MP3 파일로 반복해서 듣습니다!
② 오늘의 문장에 담긴 주요 단어와 어휘를 꼭 기억합니다!

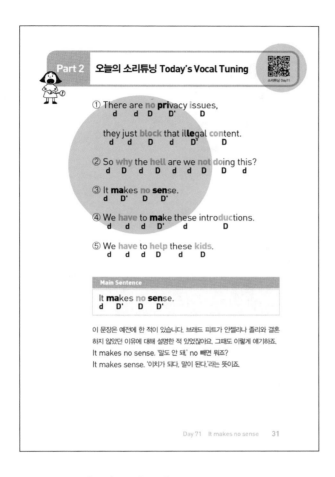

Part 2 오늘의 소리튜닝 Today's Vocal Tuning

소리튜닝 Day 71

① There are no privacy issues,
  d   d   D D'   D

they just block that illegal content.
d   d   D   D   D'   D

② So why the hell are we not doing this?
  d D   D   D d d D   D   d

③ It makes no sense.
  d D' D D'

④ We have to make these introductions.
  d d   d D' d   D

⑤ We have to help these kids.
  d d   d D   d   D

Main Sentence

It makes no sense.
d D' D D'

이 문장은 예전에 한 적이 있습니다. 브래드 피트가 안젤리나 졸리와 결혼
하지 않았던 이유에 대해 설명한 적 있었잖아요. 그때도 이렇게 얘기하죠.
It makes no sense. '말도 안 돼.' no 빼면 뭐죠?
It makes sense. '이치가 되다, 말이 된다.'라는 뜻이죠.

Day 71 It makes no sense 31

• Part 2 오늘의 소리튜닝

스마트폰으로 QR코드를 스캔하거나 유튜브에 〈갓주아TV〉를 검색해 동영상 강의를 들으며 본격적인 소리튜닝을 학습합니다. 대화에 등장하는 인물이나 갓주아쌤에 빙의해서 오늘의 문장을 호흡, 발성, 강세, 속도, 그리고 몸동작이나 감정까지 똑같이 따라합니다.

① QR코드를 스캔하여 〈갓주아TV〉의 동영상 강의를 무료로 마음껏 이용하세요!
② 다양한 장치로 소리튜닝에 최적화된 본문을 〈갓주아TV〉 강의로 완전히 숙지하세요!

    D/d   내용어/기능어   **굵은 글씨**   내용어 악센트
    D'   의도적으로 힘을 뺀 내용어   별색 글씨   특히 힘을 주는 악센트

③ 원어민이 자주 쓰는 표현, 영어의 소리 규칙 등 알짜배기 Tip도 절대 놓치지 말고 공부하세요!

13

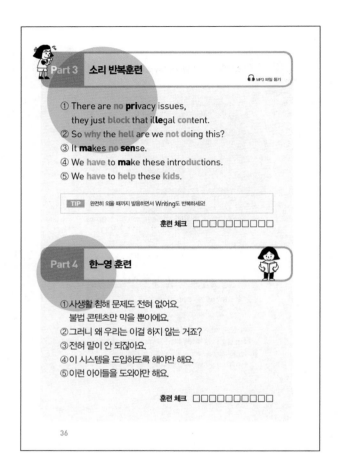

•Part 3 소리 반복훈련

Part1에서 사용했던 MP3 파일을 활용해 다시 들으며 정확한 소리로 훈련하는 단계입니다. 몸이 완전히 기억해서 입에서 자동적으로 나올 때까지 1일 최소 10회 이상 매일 매주 중첩하며 5주간 무한 반복합니다. 쓰면서 반복하면 더욱 좋습니다. writing도 좋아집니다.

•Part 4 한–영 훈련

한글만 보고도 영어 문장이 튀어나오게 만드는 단계입니다. '어땠어요?'라는 한국어 문장을 떠올리면 'What was that like?'라는 문장이 저절로 입에서 나올 수 있도록 반복훈련합니다.

• **한 번 실행할 때마다 체크 하나씩! 체크 박스를 채우며 꼼꼼하게 훈련하세요!**

Part 5 표현 저널 쓰기 Expression journal

make sense

이해되다, 이치에 맞다, 말이 되다
have a clear meaning = to be reasonable

1. It doesn't make sense!
   (말도 안 돼!)
2. A: Why would he do such an awful thing?
   (걔는 저런 최악의 짓을 왜 하는 거야?)

   B: It makes no sense!
   (이해 안 가!)
3. It all makes sense now.
   (이제야 모든 게 이해가 되네.)
4.

•Part 5 표현 저널 쓰기

오늘 배운 영어 중 새로운 표현을 내 것으로 만들어보는 과정입니다. 제시된 예문과 함께 추가 조사하고 틈나는 대로 적어보고 연습합니다.

영어 문장 읽기에 익숙한 경우

① 구글(www.google.co.kr)
각종 영영 사전에서 검색한 단어가 정의하는 의미를 파악하고 예문을 읽어본다.
옵션에서 이미지를 선택하여 단어에 대한 이미지를 본다.

② Youglish(https://youglish.com)
검색한 단어가 포함되어 있는 유튜브 동영상을 볼 수 있다.

③ Quora(www.quora.com)
검색한 단어가 포함된 문장들을 볼 수 있다. 네이버 지식인과 비슷하다.
어플리케이션으로도 제공된다.

영어 문장 읽기에 익숙하지 않은 경우

① 각종 한영 사전에 나온 예문들을 찾는다
② 각종 사이트의 이용자들이 작성한 예문들을 본다

7일마다 다시 점검하고 확인하세요!

Special class 갓주아쌤이 알려주는 소리튜닝 꿀팁과 특강을 꼭 챙기세요!
Review 각 주차별로 중첩 복습은 영어천재로 가는 가장 확실한 길!

나의 영어소리 진단 받기!
① '미라클영어스쿨'
(https://cafe.naver.com/312edupot)에 가입한다!
② 등업 신청 게시판에 책 구매 인증 사진을 올린다!
③ 등업 완료가 되면
나의 영어소리를 녹음한 파일을 올리고 진단 받는다!

영알못, 영어천재의 꿈을 포기하지 마라!

때려치우고 싶을 때야말로 더 집중해야 할 때입니다!
왜냐하면 그것이 바로 영어천재로 가는 지름길이기 때문입니다!

"지금 70일을 했는데 대체 왜 나에겐 큰 변화가 일어나지 않지?"
"다 때려치우고 싶다! 이게 뭔 짓이야?"

여러분, 이런 의문과 부정적인 생각이 들 수가 있어요. 그러나, 늘 말씀
드리지만 우리가 뭔가 개선을 하려고 할 때는 눈에 보이는 결과가 나오
지 않는다고 해서 그만두면 절대 안 돼요. 외국어도 마찬가지고, 하물며
다이어트도 마찬가지입니다. 다이어트를 할 때, 뭔가 살이 빠진다는 느
낌이 들 때는 기분이 좋기는 하죠. 오늘 내가 안 먹어서 1kg가 빠졌고,
그 다음날 또 1kg가 빠지고, 다음날에도 또 1kg가 빠진다고 생각해보세
요. 그러면 기분이 좋아져서 다이어트 하는 맛이 있겠죠. 그런데 안 빠지
면요? 한 달 동안 무지하게 열심히 하고 있는데 단 1kg도 안 빠지면 좌절
스럽죠. 그러면 고민하기 시작합니다. '내가 지금 뭔가 이상한 방법으로
하고 있나?' 그러다가 이런 생각을 하게 되죠. "그냥 그만둘까? 역시 내
생에 다이어트는 없나 보다." 이러면서 포기를 한단 말이에요.

처음의 목표와 꿈을 떠올리고 Just do it!

영어도 마찬가지예요. 실력이 늘지 않아서 그만두신 분이 있고, 거기서

조금 더 가시는 분들이 있어요. 다이어트로 치면 '조금 더 중량을 늘려서 운동을 해볼까?' 하고 운동을 더 하시는 분이 있죠. 그럴 때 갑자기 5kg 확 하고 줄어들기도 합니다. 대체 무슨 말일까요? 정체기가 있다는 이야기입니다. 조금씩 느는 느낌이 오면 재미있어서 계속하게 되지만, 그렇지 않을 때도 계속해야 합니다. 물론 사람마다 시간의 편차도 있고 수준의 차이가 있기도 합니다. 어떤 사람은 조금씩 꾸준히 늘고, 어떤 사람은 정체기가 있거나 심지어 정체기가 길기도 하지요.

저도 가르치다 보면 정말 안 느시는 분들이 있어요. 저까지 좌절스러울 때가 있죠. 그런데 그럼에도 불구하고 꾸준히 하는 분들이 있습니다. 이런 분들께는 제가 어느 순간 이런 칭찬을 하게 됩니다. "아이고, 우리 학생이 달라졌네요!" 갑자기 소리가 혹 바뀌는 기적이 일어나는 겁니다. 이분에게 필요했던 건 시간이었던 거죠. 만약 그분이 묵묵하게 하지 않고, 거기서 포기하고 그만뒀다면 자신만의 소리를 찾지 못하셨을 거예요.

"100일이 얼마 안 남았는데, 나는 느는 것 같지 않아. 열심히 했는데!"

여러분, 바로 지금 이런 생각이 들 수도 있답니다. 어쩌면 딱 그런 생각이 들 때예요. 우리가 '영어천재'라는 꿈을, 목표를 다시 한 번 떠올리고, 힘을 내서 소리 훈련에 집중해야 할 때입니다. 여러분의 앞에는 목표까지 도달하는 레드카펫이 깔려 있습니다. 따라가기만 하면 돼요. 그러려면 강한 의지와 마인드가 필요하겠죠. 늘 마인드튜닝 하시고, 영어천재가 되어 자유롭게 소통하는 자신을 꿈꾸세요. 꾸준히 소리튜닝하시면서 한-영 훈련, 저널까지 꼼꼼하게 완수하세요. 여러분의 무대는 전 세계가 될 겁니다. 영어천재가 되는 그날까지 건투를 빕니다! Just do it!

영어천재로 가는 음소단위 특강(모음 편)

알아두기!

Phoneme : 음소단위(소릿값을 갖는 최소 단위)

Written patterns : 자소단위(문자를 이루는 최소 단위) = grapheme

1. IPA [a]

Phoneme	Written patterns	father body robber cough October
o	a o ou	

소리 내는 법

턱이 살짝 떨어지고, 혀의 안쪽을 누르면서 한국어로 '아' 하는 느낌으로 소리 냅니다.

2. IPA [æ]

Phoneme	Written patterns	apple bad sad laugh coatrack circumstance
a	a au ai	

소리 내는 법

영어의 모음 중에 가장 입을 크게 벌리는 소리입니다. 입을 위아래 양옆으로 다 벌리고, 한국어로 '애' 하는 느낌으로 소리 냅니다.

3. IPA [e]

Phoneme	Written patterns	bed ten special said shed employ embrace
e	e ue a ai	

소리 내는 법

이 소리는 한국어로 '에' 소리입니다. 우리가 소리 내는 데 전혀 문제가 없는 소리입니다. 입술을 양옆으로 과하거나 긴장되지 않는 수준에서 짧게 '에' 해줍니다.

4. IPA [i]

Phoneme	Written patterns	igloo bit gym woman English busy sit office
i	i y e o u	

소리 내는 법

이 소리를 낼 때 입은 크게 벌리지 않고 짧게 한국어의 '이' 하는 느낌으로 소리 냅니다. he 소리를 낼 때 느껴보세요.

5. IPA [ʌ]

Phoneme	Written patterns	other much love untie shotgun up trouble blood
u	u o ou oo	

이 소리는 생각할 때 내는 소리입니다. 생각할 때 "Uhh… um…." 이렇게 소리 내죠. 이 소리는 모든 조음 기관에 긴장이 들어가지 않습니다. 한국어의 '어' 소리입니다. 영어의 가장 코어 소리라 할 수 있습니다.

6. IPA [ei]

Phoneme	Written patterns	bay pay mate plane rain tray weigh straight break
ai	ai ay a_e a ea eigh aigh	

소리 내는 법

2개의 모음이 같이 나는 소리입니다. e로 시작했다가 i로 끝나요. 두 가지 소리가 연달아 내기만 하면 되는 소리여서 어려울 건 없습니다. 한국어로 '에이' 하듯이 소리 냅니다.

7. IPA [i:]

Phoneme	Written patterns	bee meat key ski people receive seat meet
ee	ee ea ie y e ey eo	

소리 내는 법

장모음 [i:]는 입을 미소 짓듯이 옆으로 쫙 찢으면서 소리 냅니다. 입을 옆으로 찢는 데 시간이 걸리므로 소리가 길게 납니다.

8. IPA [ai]

Phoneme	Written patterns	spider sky night kite pie
ie	igh i_e y i ie	

소리 내는 법

2개의 모음이 같이 나는 소리입니다. a로 시작했다가 i로 끝나요. 두 가지 소리가 연달아 내기만 하면 되는 소리여서 어려울 건 없습니다. 한국어로 '아이' 하듯이 소리 냅니다.

9. IPA [ou]

Phoneme	Written patterns	open bone robot sow goat dough snow
oa	oa ow o o_e ough	

소리 내는 법

2개의 모음이 같이 나는 소리입니다. o로 시작했다가 u로 끝나요. 두 가지 소리가 연달아 내기만 하면 되는 소리여서 어려울 건 없습니다. 한국어로 '오우' 하듯이 소리 냅니다. 우리가 흔히 보는 o 철자는 '오' 소리가 없습니다. 대부분 '오우' 소리입니다.

10. IPA [ɔː]

Phoneme	Written patterns	law boss golf fawn fork ball poor four war fore
or	or aw a au ore oar oor o	

소리 내는 법

이 발음의 경우 입이 벌어지면서 나는 소리이며 턱을 아래로 툭 떨어뜨립니다. 입술은 움직이지 않고 턱만 내려간다는 느낌으로 길게 소리 냅니다. 지역에 따라 [ɔ] 소리를 [a] 소리로 내주기도 합니다. 그러니 [ɔ] 소리가 어렵다면 [a] 소리로 내줘도 됩니다. 보통 쓰여 있는 패턴이 여러 모음이 겹쳐 있을 때가 있어서 이중모음으로 처리하는 실수를 많이 합니다. 한 모음으로 소리 낼 수 있게 해주세요. 보통 이 발음은 r 이 뒤에 많이 옵니다. 이럴땐 [ɔː] 다음에 r 소리를 이어주면 됩니다!

11. IPA [uː]

Phoneme	Written patterns	moon screw who blue group
oo	oo o ue ou ew u_e	

소리 내는 법

이 모음은 불만 있는 듯 입을 쭉 내밀고 길게 한국어로 '우' 해줍니다.

12. IPA [ʊ]

Phoneme	Written patterns	good book push look pull wood woman wolf
oo	oo u ou o	

소리 내는 법

이 모음은 생각보다 쉽지 않은 소리입니다. 중요하게 두 가지만 생각하세요. 짧게 소리 낸다! 입모양은 어색하게 '으' 하는 느낌이다! 이렇게 소리 내면 정확하게 소리가 나옵니다.

13. IPA [au]

Phoneme	Written patterns	now shout house cow
ou	ou ow	

소리 내는 법

2개의 모음이 같이 나는 소리입니다. a로 시작했다가 u로 끝나요. 두 가지 소리가 연달아 내기만 하면 되는 소리여서 어려울 건 없습니다. 한국어로 '아우' 하듯이 소리 냅니다.

14. IPA [ɔi]

Phoneme	Written patterns	boy coin join
oi	oi oy	

소리 내는 법

2개의 모음이 같이 나는 소리입니다. ɔ로 시작했다가 i로 끝나요. 두 가지 소리가 연달아 내기만 하면 되는 소리여서 어려울 건 없습니다. 한국어로 '오이' 하듯이 소리 냅니다.

15. IPA [əːr]

Phoneme	Written patterns	sir bird vearly thirteen burn journey
er	er ir ur ear or	

소리 내는 법

이 소리는 흥미로운 소리입니다. r을 모음처럼 소리 냅니다. 항상 뒤에 r이 옵니다. 앞에 다른 모음이 있어도 그 모음은 소리를 내지 않고 다 똑같이 r 소리를 냅니다. r 소리를 좀 길게 낸다고 생각하면 됩니다.

16. IPA [ɛər]

Phoneme	Written patterns	chair air pear dare where their
air	air ear are	

소리 내는 법

이 소리는 a와 앞서 배운 er 소리가 같이 나는 소리입니다. 두 소리를 연달아 내주면 됩니다. 모든 소리를 air 소리를 낸다고 생각하면 됩니다.

17. IPA [iər]

Phoneme	Written patterns	ear steer here tier
ear	ear eer are	

소리 내는 법

이 소리는 i와 앞서 배운 er 소리가 같이 나는 소리입니다. 두 소리를 연달아 내주면 됩니다. 모든 소리를 ear 소리를 낸다고 생각하면 됩니다.

18. IPA [a:r]

Phoneme	Written patterns	arm are star jar car
ar	a ar	

소리 내는 법

이 소리는 a를 길게 하면서 끝에 r 소리를 넣어주면 됩니다. 이 모음은 are 소리를 낸다고 생각하고 소리 내면 됩니다.

19. IPA [ju]

Phoneme	Written patterns	cure tube few uniform
ue	u_e ew ue u	

소리 내는 법

이 발음은 한국어의 '유'와 비슷한 소리입니다. 좀더 정확하게는, j+u 두 소리를 빠르게 내주는 겁니다. 그래서 그냥 '유'라기보다는 '이' 했다가 '우'를 길게 발음해주는 느낌에 가깝습니다. 예를 들어, few는 한국어로 '퓨'라는 느낌보다 '피유'의 느낌입니다.

20. IPA [ə]

Phoneme	Written patterns	about ladder pencil dollar honour
schwa	a er i our ur	

소리 내는 법

이 소리는 모든 조음기관에 전혀 힘이 들어가지 않고 바보처럼 소리 냅니다. 이 모음 소리에는 거의 강세가 들어가지 않습니다. 그 어디에도 긴장이 들어가면 안 되는 소리입니다.

My potential to succeed is limitless.
나의 성공의 잠재력은 끝이 없다.

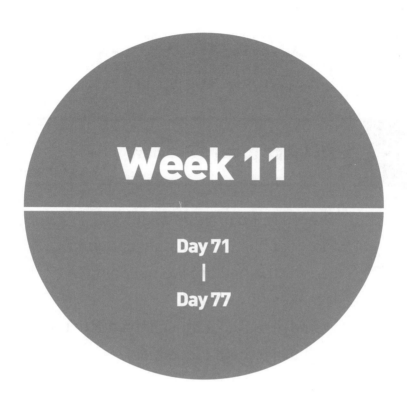

Week 11

Day 71
|
Day 77

Everyday I am successful.
매일 나는 성공적이다.

It makes no sense
전혀 말이 안 되잖아요

2017년 4월 22일, 미국의 영화배우 블레이크 라이블리는 뉴욕에서 열린 〈Variety's Power of Women awards〉에 참석해 아동 포르노 근절에 대해 연설했습니다. 관련 시스템 도입과 충돌하는 사생활 침해와 관련된 이야기를 하네요. 그녀는 '아동구조 연합'(Child Rescue Coalition)의 일원이라고 합니다.

Part 1 오늘의 예습 Today's Preview

🎧 MP3 파일 듣기

① There are no privacy issues,
   they just block that illegal content.
② So why the hell are we not doing this?
③ It makes no sense.
④ We have to make these introductions.
⑤ We have to help these kids.

① 사생활 침해 문제도 전혀 없어요. 불법 콘텐츠만 막을 뿐이에요.
② 그러니 왜 우리는 이걸 하지 않는 거죠?
③ 전혀 말이 안 되잖아요.
④ 이 시스템을 도입하도록 해야만 해요.
⑤ 이런 아이들을 도와야만 해요.

단어와 표현

＊ privacy [ˈpraɪv- 프**롸**이버시] ① 혼자 있는 상태 ② 사생활
＊ illegal [ɪˈliːgl 일**리**글] 불법적인
＊ content [kántent **칸**텐트] ① (보통 복수형) 내용, 알맹이 ② (서적 등의) 목차, 목록
＊ introduction [ˌɪntrəˈdʌkʃn **인**트러**덕**션] ① 도입, 전래 ② 소개 ③ 도입부

① There are **no pri**vacy **i**ssues,
    d   d   D   D'   D

they just **block** that il**le**gal **con**tent.
  d   d   D   d   D'   D

② So **why** the **hell** are we **not do**ing this?
  d   D   d   D   d   d   D   D   d

③ It **ma**kes **no sen**se.
  d   D'   D   D'

④ We **have** to **ma**ke these intro**duc**tions.
  d   d   d   D'   d   D

⑤ We **have** to **help** these **kids**.
  d   d   d   D   d   D

Main Sentence
It **ma**kes **no sen**se. d   D'   D   D'

이 문장은 예전에 한 적이 있습니다. 브래드 피트가 안젤리나 졸리와 결혼
하지 않았던 이유에 대해 설명한 적 있었잖아요. 그때도 이렇게 얘기하죠.
It makes no sense. '말도 안 돼.' no 빼면 뭐죠?
It makes sense. '이치가 되다, 말이 된다.'라는 뜻이죠.

① There are **no pri**vacy **i**ssues,
   d   d   D   D'   D

they just **block** that il**le**gal **con**tent.
  d   d   D   d   D'   D

<u>There are.</u> 힘 주지 않죠. 입에 긴장 들어가지 않고 빠르게 끝냅니다.

no privacy **i**ssues. 다 내용어예요. 전부 뱉어주면 힘들죠. 경우에 따라서는 울림을 주기 위해서 딱딱 떨어뜨려서 할 수도 있습니다만, 보통은 연결해서 소리를 내죠. 어디에서 훅 나갈지 결정하셔야 되는 거예요.

블레이크는 **no**에 힘을 줬죠. 그리고 나오는 소리에 뒤 단어인 privacy를 소리 냅니다. 이 단어도 어쨌든 내용어이기 때문에 기능어처럼 뭉개지 않습니다. 내용어는 반드시 정확한 소리가 들려야 해요. **i**ssues 의 강세 **i**에서 살짝만 훅! 던지면서 소리 내주세요.

TIP	제스처가 악센트를 말해준다

연설할 때 제스처를 많이 쓸 수밖에 없거든요. 그런데 어디서 손이 나가는지를 보면 발성이 어디서 나갔는지 알 수가 있어요. 블레이크 라이블리의 제스처만 보고도 no에 소리가 나갔다는 걸 알 수가 있는 거예요. 그래서 그들의 제스처는 그냥 나오는 게 아니에요. 소리가 나가니까 몸이 자연스럽게 같이 나가는 거예요. 여러분도 제스처를 따라해주시면 소리가 몸이 나간 만큼 더 나갈 거예요.

<u>they just **block** that illegal **con**tent.</u>

이 문장에서 내용어는 block, illegal, content입니다. 먼저 내용어 단어들부터 강세, 발음, 발성을 생각하면서 제대로 연습합니다. block 소리를 낼 때, b를 위해 입술을 다물었다 혀끝이 입천장 시작하는 시점에 닿고 터져줍니다.

<u>they just **block** that</u>까지 리듬을 먼저 연습합니다. d d D d입니다. 몸을 움직이며 리듬을 먼저 익혀보다가 영어를 넣어봅니다. just는 끝이 st로 끝나죠. 그 다음에 b 자음이 오잖아요. 자음이 3개 정도 뭉쳐있을 때는 중간 자음이 빠져요. 발음이 힘들어서 그렇습니다. 그래서 'jus(t) **block**' 이렇게 소리 내면 편합니다.

illegal **con**tent는 형용사 + 명사 구조입니다. 보통 명사에 힘이 들어가죠. 그래서 **con**tent의 강세인 **con**에 훅! 뱉어줍니다. 물론 illegal도 내용어이므로 [ɪˈliːgl] '일**리**글' 이렇게 발음 강세를 신경 써서 제대로 소리 냅니다.

> **TIP** content의 강세 주의!
>
> content는 강세에 따라서 단어 뜻이 확 바뀝니다. content의 강세가 tent에 있으면 뜻이 '만족하는, 만족시키다, 만족'입니다. 그래서 'I am content with my work.' 하면 '난 내 일에 만족해.'라는 의미가 됩니다. 하지만 content의 강세가 con에 있을 때는 '내용, 내용물'이라는 뜻이 됩니다. 영상에서는 '내용'이라는 의미로 쓰였어요.

자! 이제 다 이어서 소리 내볼게요.

There are **no** privacy **i**ssues, they just **block** that illegal **con**tents.

② So **why** the **hell** are we **not do**ing this?
  d   D   d   D   d   d   D   D   d

So **why**. 의문사는 약한 내용어라서 힘이 안 들어갈 때도 있는데, 여기에는 힘이 엄청나게 들어갔어요.

So **why** the **hell**. hell에도 엄청나게 힘을 줬죠. the hell이 들어감으로써 "도대체 왜 안 하는 거야?" 이런 느낌을 전달할 수가 있는 거예요. the hell을 빼면 'why are we not doing this?' 이런 문장이죠. 복잡해 보이는 문장도 필요 없는 것들을 빼면 소리 내볼 만한 간단한 문장이 됩니다.

are we **not do**ing this. **not**에 힘 들어가고, **do**ing도 내용어입니다. 둘 다 뱉자니 소리가 끊어집니다. 훅 뱉는 발성은 하나 정도만 나갈까요? 여기서는 **do**ing에 힘 줬어요.

다 이어서 해봅니다.

So **why** the **hell** are we **not do**ing this?

③ It **ma**kes **no sen**se.
   d   D'   D   D'

대표문장 나옵니다. "말도 안 돼." 이런 표정으로 들어가셔야 돼요.
이 문장에서 내용어는 it 빼고 다죠. 다 훅! 뱉을 수는 없어요. 화자가 결정해줍니다.
영상에서는 **no**에서만 뱉어줬어요. 그래도 make와 sense는 여전히 내용어이니
까 정확한 강세와 발음을 들려줍니다.

④ We **have** to **ma**ke these intro**duc**tions.
   d   d   d   D'   d   D

이 문장에서 내용어는 make와 introductions입니다. have to는 조동사이기
때문에 기능어입니다. 보통 힘이 들어가지 않는데 이 영상에서는 '해야 한다!'라는 말
을 강조하기 위해 h 소리 제대로 해서 엄청나게 힘 들어갔죠.

We **have** to make these intro**duc**tions.
have에 힘을 주느라고 make는 내용어지만 훅! 던져주지 않았어요.
그 다음에 나오는 이 문장의 가장 중요한 intro**duc**tions는 훅! 하고 **duc**에 강세
제대로 던져줍니다. introduction은 도입이라는 뜻으로도 굉장히 많이 쓰입니다.
물론 'introduce' 동사에서 '소개하다'라는 뜻으로 많이 쓰여서, 소개라는 뜻도 갖
고 있습니다.

이 문장 블레이크처럼 호소하듯이 말해볼게요.
We **have** to make these intro**duc**tions.

⑤ We **have** to **help** these **kids**.
   d   d   d   **D**   d   **D**

이 문장에서 내용어는 help와 kids입니다. 앞 문장과 마찬가지로 **have**에서 강조했습니다. **help**에서도 훅! 던져줬어요.

help 연습할게요. p나 b가 받침음일 때는 입이 합죽이가 되어서 끝납니다. 합죽이가 되는 연습해볼게요.

TIP	받침음으로 쓰이는 p나 b는 합죽이가 됩니다

subway '서브웨이'가 아니고 '섭웨이' / help me '헬프 미'가 아니라 '헬ㅍ 미.

---

help these **kids**. kid에 s가 붙었잖아요. 명사를 복수 처리할 때 붙는 s 소리내는 방법 정리합니다. d가 유성음이니까 z 소리가 나와요. 막히는 소리가 있어요. ki 한 다음에 d 소리는 혀가 천장에 붙죠. 그러면 kid 했을 때 혀끝이 천장에 닿고 있어서 호흡이 막히는 느낌이 있어요. kid 한 다음에 z 소리를 같이 내주는 거예요. 'kid z.' 이런 느낌으로 나오셔야 돼요. 'kid s' 안 돼요. 여기까지 해볼까요.

We **have** to **help** these **kids**.

TIP	명사를 복수로 만드는 s 발음하는 법

끝나는 소리가 유성음일 경우에 s가 붙으면 z 소리가 나고 끝나는 소리가 무성음일 경우는 s 소리가 납니다. 예를 들어 d의 무성음이 t죠. 연을 영어로 kite라고 하잖아요. 거기에 s 붙이면 '카이즈'가 아니라 '카이츠' 이렇게 소리가 나옵니다. 유성음으로 끝났을 때는 z, 무성음으로 끝났을 때는 s입니다.

자, 이제 소리튜닝 반복 훈련을 시작해볼까요?

Part 3 소리 반복훈련

🎧 MP3 파일 듣기

① There are **no pri**vacy **i**ssues,
   they just **block** that il**le**gal **con**tent.
② So **why** the **hell** are we **not do**ing this?
③ It **ma**kes **no sen**se.
④ We **have** to **ma**ke these intro**duc**tions.
⑤ We **have** to **help** these **kids**.

> **TIP** 완전히 외울 때까지 발음하면서 Writing도 반복하세요!

훈련 체크 ☐☐☐☐☐☐☐☐☐☐

Part 4 한-영 훈련

①사생활 침해 문제도 전혀 없어요.
   불법 콘텐츠만 막을 뿐이에요.
②그러니 왜 우리는 이걸 하지 않는 거죠?
③전혀 말이 안 되잖아요.
④이 시스템을 도입하도록 해야만 해요.
⑤이런 아이들을 도와야만 해요.

훈련 체크 ☐☐☐☐☐☐☐☐☐☐

36

make sense

이해되다, 이치에 맞다, 말이 되다
have a clear meaning = to be reasonable

1. It doesn't make sense!
   (말도 안 돼!)

2. A: Why would he do such an awful thing?
   (걔는 저런 최악의 짓을 왜 하는 거야?)

   B: It makes no sense!
   (이해 안 가!)

3. It all makes sense now.
   (이제야 모든 게 이해가 되네.)

4.

5.

이 연설에서 "헉!" 할 만한 이야기를 많이 해줘요. 아이를 수차례 성 학대를 한 사람이 있었는데, 알고 보니 의사였대요. "얼마나 많은 아이들을 학대했나?"라고 물었더니, 창밖을 보면서 그렇게 얘기했대요.

"How many snowflakes are there outside?"
얼마나 많은 눈꽃송이가 있지?

너무 무섭죠? 그런데 알아야 하죠. 이런 것들을 많이 알 필요가 있어요. 그래야 준비할 수 있으니까요. 영어를 잘해야 이런 깨달음도 얻을 수 있겠죠? 아래에 추가 텍스트 가져왔습니다. 읽어보고, 또 훈련해보세요.

I didn't really know what child pornography was. We all sort of have an idea of it and I was afraid to ask, as a mother, because it would be very painful to hear.

I felt like I had to ask, though. And I feel like I have to share it with you.

It is disturbing and I want to warn you, but I feel it's my responsibility to tell you because it is the truth.

I believe if we all knew this we would dedicate much more of ourselves to stopping it.

I know exactly what to do to achieve success.
나는 성공하기 위해서 무엇을 해야 하는지 정확히 알고 있다.

Day 72

I am most proud to be your dad
너희 아빠인 게 가장 자랑스러워

2017년 1월 10일, 버락 오바마 전 미국 대통령이 시카고에서 고별 연설을 했습니다. 오바마 전 대통령은 8년간 대통령을 했습니다. 가족에게 감사함을 전하면서 두 딸에게도 고마움을 말하네요.

Part 1 오늘의 예습 Today's Preview

MP3 파일 듣기

① Under the strangest of circumstances,
   you have become two amazing young women.
② Of all that I have done in my life,
③ I am most proud to be your dad.
④ Yes, we can.

① 가장 특이한 상황 속에서, 너희들은 멋진 여성이 되었구나.
② 내가 살면서 했던 모든 것들 중에,
③ 너희 아빠인 게 가장 자랑스러워.
④ 네! 우린 할 수 있습니다.

단어와 표현

＊**strange** [streindʒ ㅅㅌ**레**인ㅈ] α. (stráng·er, stráng·est)
　　① 이상한, 야릇한　② 낯선, 생소한, 알지 못하는　(비교급은 more strange가 보편적)
＊**circumstance** [ˈsɜːrkəmstæns **설**컴스땐ㅅ]　① 환경, 상황　② 형편
＊**proud** [praud ㅍ**롸**우ㄷ]
　　① 거만한, 잘난 체하는　② 자존심이 있는　③ 자랑으로 여기는

40

① Under the **stran**gest of **cir**cumstances,
   d   d   D   d   D

   you have be**come**
    d   d   D

   two a**ma**zing **young** wo**men.**
    D   D   D'   D

② Of **all** that I have **done** in my **life,**
   d D   d   d   d   D   d   d   D

③ I am **most proud** to **be** your **dad.**
   d d   D   D'   d   d   d   D

④ **Yes,** we **can.**
   D   d   d

Main Sentence

I am **most proud** to **be** your **dad.**
d d   D   D'   d   d   d   D

'be proud to V'입니다. 'V여서/해서 자랑스럽다'라는 표현으로 쓰입니다. 여기에 most가 붙어서 최상의 의미를 갖게 되었어요. 그래서 그냥 자랑스러운 것도 아니고 '가장' 자랑스럽다는 뜻이에요.

① Under the **stran**gest of **cir**cumstances,
   d   d   **D**   d   **D**

you have be**come two** a**ma**zing **young wo**men.
 d   d   **D**   **D**   **D**   **D'**   **D**

Under the **stran**gest of **cir**cumstances.
Under the. 기능어죠. 먼저 빠르고 편하게 나오게 연습합니다.
내용어인 **stran**gest 정확한 발성, 강세, 발음을 생각해서 연습합니다. str 소리를 낼 때, '스트레인지' 이렇게 str을 하나하나 소리 내면 힘들어요. tr 소리를 낼 때 '츄' 하면 편하게 소리 낼 수 있다고 했었죠. 마찬가지로 str도 'ㅅ츄' 이렇게 한 호흡에 한 소리처럼 나오게 합니다. gest는 소리가 크지는 않지만 그래도 들려야 됩니다. **stran** 나가고, 들어오는 소리에 gest 처리해줍니다. 다음에 나오는 of는 모음으로 시작하니까, 한 단어라고 생각하고 '**stran**gestof.' 소리 냅니다. t에 강세가 없으면 ㄷ이나 ㄹ 소리 나오는 것 기억하시고요.

circumstances의 강세가 **cir**에 있다는 점 주의하세요! 그리고 이때 c는 c는 '크' 소리가 아니라 s 소리예요. s 한 다음에 ir 소리의 음소단위는 sir 할 때의 소리입니다. 발음기호로는 [ɜ]입니다. 이렇게 긴 단어에는 보통 강세가 2개 정도 찍힐 수 있거든요. 1강세는 **cir**이에요. **cir** 나가고 들어오는 소리에 cums예요. 그 다음에는 2강세인 **tan**에 살짝 힘이 좀 더 들어갔어요.

TIP   under the circumstances

'그런 사정이므로', '그런 사정인 만큼' '이런 상황에서' 이렇게 통으로 기억해놓으세요. under 대신에 given을 쓰기도 합니다. 영상에서처럼 the 다음에 형용사를 넣으면 또 다른 의미를 만들 수 있어요.

under the right circumstances (적절한 상황에서)

under the difficult circumstances (어려운 상황 속에서)

under the following circumstances (다음과 같은 상황에서)

[ɜ:]은 사전에 따라서 [ɚ:] 이렇게 표기될 때도 있습니다. 보통 r이랑 같이 많이 옵니다. 입모양은 혀가 보이지 않는 상태에서 혀의 중간부분이 입천장으로 가는 느낌으로 r 소리를 내주시면 돼요. [:] 표시가 있기 때문에 조금 길게 소리 내줍니다. s r해서 sir. bird. 이런 느낌이죠. 미국식이 '버얼드'라면 영국식 발음은 끝에 r 소리가 잘 안 나와요. '버어드' 느낌으로 많이 하죠.

여기까지 해볼게요.

Under the **stran**gest of **cir**cumstances.

you have be**come**. be**come** 빼고 다 기능어죠. 그래서 you have에 힘이 나가면 안 되는데 연설이라 또박또박 발음했어요. 만약 연설이 아니라 편한 대화였으면 you have가 거의 들리지 않게 소리 냈을 거예요. be**come**의 강세는 **come**에 있어요. 단어 자체는 d D 리듬입니다.

two ama**zing** young **wo**men. 다 내용어입니다. 그렇다고 다 뱉을 수는 없어요. 어디에다 뱉을지 정합니다. 거기에 따라서 강조하고자 하는 뉘앙스가 바뀝니다. 이 영상은 연설이다 보니 거의 다 뱉어진 느낌이에요.
two에서 뱉고 ama**zing**에서 또 뱉어야 하니까 살짝 끊어졌어요.
young **wo**men은 형용사 + 명사 구조여서 young보다 women에 훅! 뱉어줬어요. women은 '우' 하고 w 발음 제대로 해주세요. 아이에게 뽀뽀하듯이 입술을 좁히셔야 돼요. women은 woman의 복수형이에요. 오바마는 딸이 둘이니까 복수형을 썼죠. women 발음 [wímin]을 주의합니다.

you have be**come two** ama**zing** young **wo**men.
연설에서는 다 제각각 힘을 준 느낌이 있어요. 연설이니까 가능한 거예요. 편하게 나오면 한두 개 정도만 힘을 훅 하고 들어갔겠죠.

자! 이제 의미단위를 이어서 소리 내볼게요. 이어서 하는데 또 어떤 부분에서 버벅거리면, 다시 그 부분 더 연습하고 옵니다.

Under the **stran**gest of **cir**cumstances,
you have be**come two** a**ma**zing young **wo**men.

② Of **all** that I have **done** in my **life**,
   d **D**   d   d   d   **D**   d   d **D**

Of **all** 하고 나가셔야 돼요. dark ㄹ이에요. **all** 하고 혀 안쪽을 목구멍 쪽으로 끌어당깁니다.

that I have **done**. **all**을 던지고 돌아오는 소리에 that I have까지 다 기능어 처리해줍니다. 그리고 다시 done에서 훅! 하고 던져주세요.

in my **life**. done을 뱉고 돌아오는 소리에 in my를 빠르고 편하게 처리하고 다시 **life**에서 훅! 던져주세요. **life**가 뱉는 소리이니 ㄹ 소리 제대로 합니다. 혀끝을 입천장 시작하는 부분에 대고 '을' 했다가 **life** 소리 내면 훨씬 명료하게 들려요. 그렇게 해야 혀끝에 힘이 들어갑니다.

Of **all** that I have **done** in my **life**.
d D d d d D d d D 리듬 타보세요. 상대의 귀에 딱 꽂아주는 소리는 all, done, life입니다.

③ I am **most proud** to **be** your **dad**.
   d d   **D**   **D'**   d   d   d   **D**

I am **most** proud. 이 의미단위에서 내용어는 most와 proud입니다. 이 두 단어 중 어느 곳에 뱉어도 상관없습니다.

보통은 **most**가 '가장'이라는 뜻으로 강조를 위한 단어니까 뱉어요. 영상에서도 **most**에서 뱉고 돌아오는 소리에 proud 처리했어요. 그런데 proud 소리도 매우 명료하게 들립니다. **most**의 발음은 [moust]입니다. '모스트' 아니죠. '오우' 소리 살려주세요.

proud에서는 p + r 이렇게 자음 2개가 겹쳐서 나오죠. 이런 경우 '프! 래! 우! 드!' 이렇게 따로따로 소리 내지 않습니다. pr가 한꺼번에 한 호흡에 나오게 해줍니다.

to **be** your **dad**. 이 의미단위에서 내용어는 **dad**밖에 없어요. 그래서 **dad**만 훅! 뱉어주면 됩니다. 그런데 영상에서는 기능어임에도 **be**에도 힘이 들어갔어요. 너희 아빠가 '되다'라는 말을 강조하고 싶었던 거죠. 어느 정도 규칙이 있지만 사람의 말이므로 항상 예외가 가능합니다.

자! 의미단위 이어볼게요.

I am **most** proud to **be** your **dad**.

④ **Yes**, we **can**.
   D   **d**   **d**

오바마 대통령이 많이 쓰는 말입니다. 그렇습니다. 우리는 할 수 있습니다. 이 문장에서 **Yes**가 가장 강조되는 소리죠. 그래서 소리 낼 때 y를 제대로 하면 더 명료하게 소리가 나옵니다. y 소리는 혀끝을 내 아랫니의 안쪽에 대고 혀끝에 힘을 주고 '이' 했다가 Yes 소리 냅니다.

자, 이제 소리튜닝 반복 훈련을 시작해볼까요?

Part 3 소리 반복훈련

🎧 MP3 파일 듣기

① Under the **stran**gest of **cir**cumstances,
   you have be**come two** ama**zing young wo**men.
② Of **all** that I have **done** in my **life**,
③ I am **most proud** to **be** your **dad**.
④ **Yes**, we **can**.

> **TIP** 완전히 외울 때까지 발음하면서 Writing도 반복하세요!

훈련 체크 ☐☐☐☐☐☐☐☐☐☐

Part 4 한-영 훈련

①가장 특이한 상황 속에서, 너희들은 멋진 여성이 되었구나.
②내가 살면서 했던 모든 것들 중에,
③너희 아빠인 게 가장 자랑스러워.
④네! 우린 할 수 있습니다.

> **TIP** 소리튜닝 배운 대로 하루 동안 틈나는 대로 무한 반복해서 외우세요! 한글을 보면서 영어
> 문장이 자동적으로 떠오를 때까지.

훈련 체크 ☐☐☐☐☐☐☐☐☐☐

proud

자랑스러워하는
feeling satisfaction and pleasure
because of something you have done

거만한, 오만한
feeling that you're better
and more important than others

> '자랑하다'라는 뜻으로 많이 알고 계시죠. 그런데 남에 대해서 이야기하면서
> 'She is so proud of herself.'라고 하면 '걔는 너무 자만심이 있어.', '너무
> 자기 자신이 잘났다고 생각해.' 이런 조금 부정적인 의미를 가질 수 있습니다.

1. You must be very proud of your daughter.
   (딸이 자랑스럽겠어요.)

2. Admit you're wrong and don't be so proud!
   (네가 틀렸다는 거 인정해! 그리고 너무 거만 떨지 마!)

3. It's okay to be proud of yourself.
   (스스로를 자랑스럽게 여겨도 괜찮아.)

4.

5.

조금 더 읽어보기

오바마 대통령 멋지죠? 멋있어요. 정치적인 색을 다 떠나서 사람 자체가
요. 8년을 했잖아요. 어떤 사람들은 권력에 취해서 하면 안되는 짓들을
하곤 하잖아요. 성과를 떠나서 사람만 봤을 때 이 정도까지 대통령직 완
수를 했다는 것 자체로는 존경할 만한 사람이라고 생각해요.

스피치도 잘하시잖아요. 아직까지 한국에서는 스피치가 그렇게까지 중
요하게 여겨지지 않는 것 같아요. 하지만 갈수록 스피치 능력이 요구되
지 않을까 합니다. 앞으로 영어로 스피치 하실 일도 꽤 많지 않을까요?

연설문 더 가져왔습니다. 따로 훈련해보시는 것도 좋아요.

Malia and Sasha, under the strangest of circumstances, you have
become two amazing young women. You are smart and you are
beautiful, but more importantly, you are kind and you are thoughtful
and you are full of passion.
You wore the burden of years in the spotlight so easily. Of all that I
have done in my life, I am most proud to be your dad.

발성, 호흡,
리듬에 집중하세요

발성과 호흡, 리듬에 조금 더 집중한다고 생각하세요.

저는 발음보다는 이것에 조금 더 신경을 씁니다. 발음이 아니면 어디에 신경 쓰냐고 물으시면, '리듬과 강세와 발성과 호흡'이라고 대답하도록 하겠습니다.

Day 73
대표문장

I'll narrow it down
제가 좁혀 나갈게요

미국의 가수이자 배우, 힐러리 더프가 2016년 1월 29일 미국 NBC의 〈엘렌쇼(The Ellen DeGeneres Show)〉에 출연했습니다. '이상형 월드컵'을 진행합니다.

Part 1 오늘의 예습 Today's Preview

🎧 MP3 파일 듣기

① I'm gonna show you two celebrities at a time.

② You're gonna pick which one you'd rather date.

③ Oh, god.

④ Then I'll narrow it down, also.

④ I'll give you another option.

① 제가 한 번에 2명의 유명인사 사진을 보여줄 거예요.

② 그 둘 중 누구와 데이트 하고 싶은지 고를 거예요.

③ 오, 이런.

④ 그러면 제가 또 좁혀 나가면서,

④ 또 다른 선택지를 줄 거예요.

단어와 표현

──────────────────────────

* **celebrity** [sə'lebrəti 설**레**브러리] ① 유명인사 ② 명성

* **at a time** 한 번에 *one at a time (한 번에 하나씩) two at a time (두 사람씩)

* **pick** [pɪk 픽] ① 고르다, 선택하다, 뽑다 ② 따다, 떼어내다, 집어내다

* **rather** [rǽðər **뤠**덜]
　　① 오히려, 그보다는 …한 쪽이 낫다 ② 어느 정도, 다소, 조금; 상당히, 꽤

* **date** [tɔːt **데**이트] ① (특정한) 날짜 ② 시기 ③ 약속 ④ 데이트

* **narrow** [nǽrou **내**로우]
　　명사: ① 폭이 좁은 ② 좁아서 답답한, 옹색한
　　동사: ① 좁게 하다, 좁히다 ② 제한하다; (범위를) 좁히다(down)

① I'm gonna **show** you
  d d　　d　　　D　　d

  two ce**le**brities at a **time**.
  D　　　D'　　　d d　D

② You're gonna **pick**
  d　d　　d　　D

  which one you'd **ra**ther **date**.
  D　　d　　d d　　D　　D'

③ Oh, **god**.
  d　　D

④ Then I'll **na**rrow it down, **al**so.
  d　dd　　D　　d　d　　D

④ I'll **give** you a**no**ther **op**tion.
  dd　D　d　　　D　　　D'

Main Sentence

I'll **na**rrow it down
dd　　D　　d　　d

---

narrow something down. '범위나 수, 어떤 선택지라든지 기회를
줄여나가다.'라는 뜻을 가지고 있어요.

① I'm gonna **show** you **two** ce**le**brities at a **time**.
  d d   d   D   d   D   D'   d d   D

I'm gonna **show** you.
I'm gonna까지 기능어입니다. 입에서 편하고 빠르게 나오게 먼저 연습합니다. 특히나 많이 쓰는 구조이므로 I'm fine thank you처럼 입에 붙여놓습니다. 입에서 편해졌다 싶으면 이어서 **show**에 훅! 뱉어요. 뱉는 소리는 특히 중요하고 강조되는 소리이므로 정확한 강세, 발성, 발음으로 해줍니다.

show의 sh는 이가 6개 정도 나오고 새는 소리입니다. 그 다음에 ow 소리는 ou 소리예요. ow 자체가 음소단위의 하나예요. sh 정확한 소리와 ou 정확한 소리가 만나면 '쇼'가 아니고 '쇼우'입니다. show에서 훅! 뱉고 들어오는 소리에 you 처리 합니다.

two celebrities. 둘 다 내용어입니다. 어디에다 뱉어줘도 상관은 없습니다. 뱉지 않는 소리라도 내용어는 반드시 정확한 강세와 발음으로 소리 냅니다.
celebrities의 강세는 **le**에 있어요. 길어도 한 단어는 반드시 한 호흡에 나오게 먼저 연습합니다.
two에 힘을 줄지, le에 힘을 줄지는 여러분이 결정을 하면 괜찮습니다. 여기 영상에서는 **two**에 조금 더 힘이 들어간 느낌이죠.

at a **time**. d d D 리듬이죠. at a는 자음끝 + 모음시작 구조라서 소리가 'ata'이렇게 이어집니다. t에 강세가 없으면 ㄷ 이나 ㄹ 소리로 들리죠. 그래서 '앳 어' 이렇게 소리 내지 않고 편하게 '애러' 해도 됩니다. time의 t 소리 제대로 내면 고급스럽다고 했어요. 혀를 치경에 대시고 혀끝으로 숨을 막았다가 터트리면서 t 소리를 냅니다. at a time하면 '한번에'라는 뜻이 있어요.

자, 이제 의미단위를 이어볼게요.
I'm gonna **show** you **two** celebrities at a **time**.

② You're gonna **pick which** one you'd **ra**ther **date**.
　　d 　d 　d 　　D 　　D 　　D 　d 　　d 　d 　　D 　　D'

You're gonna **pick**.

You're gonna. 역시 많이 쓰이는 조합이므로 입에 싹 붙여놓으시면 너무 편해요. 편하고 빠르게 나오게 연습합니다. 그런 다음 pick에서 훅! 뱉어줍니다.

pick은 알파벳상으로는 4개죠. 음소단위 상으론 'p + i + ck'입니다. ck가 하나의 음가라서 3개예요. 그래서 이건 k로 소리가 나옵니다. 여기까지 dd d D 리듬입니다.

which one. which는 w 소리 제대로 해서 힘이 좀 들어갔어요. **which**에 나가고 one에 들어오세요.

you'd **ra**ther date. rather에 힘 주셔도 되고, date에 힘 주셔도 됩니다. 영상에서는 **ra**ther에 훅! 뱉어주고 돌아오는 소리에 date를 처리했어요.

자! 이제 전체 의미단위 이어볼게요.
You're gonna **pick which** one you do **ra**ther date.

'어떤 사람이랑 더 데이트 하고 싶은지를 네가 고를 거야.' 하면서 어떻게 이상형 월드컵을 하는지에 대해 설명을 하는 거죠. 여러분도 가족 혹은 친구들과 이상형 월드컵을 해보세요. 그리고 규정을 이렇게 영어로 설명해보면 좋겠죠.

③ Oh, **god**.
　 d 　　D

되게 당황해하죠. '어떡해.' 이 정도로 해석 가능하죠.

④ Then I'll **na**rrow it down, **al**so.
　　d　 dd　　D　 d　 d　　　D

Then I'll. I will인데 줄여서 I'll 하잖아요. 이때 l은 dark l이에요. 그래서 '아이 윌'
이 아니라 '아얼' 정도예요.

narrow it down. narrow를 먼저 소릿값으로 하나씩 가볼게요. n + a + rr +
ow입니다. ow 소리 내려면 '오우' 이렇게 오므라지는 느낌이 있어야 해요. know,
snow 같은 단어들도 ow 소리를 갖고 있어요. narrow의 na는 입 큰 apple의
a이므로 입을 크게 벌려줍니다.

also에서 narrow만큼 뱉지는 않았지만 제대로 된 강세로 소리 내서 al에 더 길
고 세게 합니다.

Then I'll **na**rrow it down, **al**so.

④ I'll **give** you a**no**ther **op**tion.
　 dd　 D　 d　　　D　　　 D'

I'll **give** you. I'll 역시 '아얼' 정도로 편하게 소리 냅니다. give에서 훅! 뱉어주고
들어오는 소리에 이어서 you 처리합니다.

a**no**ther option. 둘 다 내용어죠. 어디에 힘이 들어가도 상관없습니다. 영상에서
는 another에 힘이 더 들어간 느낌이죠. a**no**ther의 o는 a 발음이에요. a에 힘
들어가죠. 그리고 option에서 p가 받침으로 쓰였죠? p나 b가 받침일 때는 입을 '흡'
다물어요.

이제 전체 의미단위 소리 내볼게요.
I'll **give** you a**no**ther option.

자, 이제 소리튜닝 반복 훈련을 시작해볼까요?

발음에
집착하지 마세요!

저는 발음에 집착하는 것을 권하지 않습니다.

발음이 아니라 '조금 더 좋은 발성과 호흡을 가지고 말하면 편합니다.'라는 얘기를 하는 거예요. 그 와중에 발음을 어떻게 하는지에 대한 설명은 그냥 알아두면 좋은 거죠.

우리는 외국인이고, 그들이 알아들을 수 있을 정도로 발음하면 됩니다.

① I'm gonna **show** you **two** ce**le**brities at a **time**.

② You're gonna **pick which** one you'd **ra**ther **date**.

③ Oh, **god**.

④ Then I'll **na**rrow it down, **al**so.

④ I'll **give** you a**no**ther **op**tion.

TIP 완전히 외울 때까지 발음하면서 Writing도 반복하세요!

훈련 체크 ☐☐☐☐☐☐☐☐☐☐

Part 4 · 한–영 훈련

①제가 한 번에 2명의 유명인사 사진을 보여줄 거예요.

②그 둘 중 누구와 데이트 하고 싶은지 고를 거예요.

③오, 이런.

④그러면 제가 또 좁혀 나가면서,

④또 다른 선택지를 줄 거예요.

TIP 소리튜닝 배운 대로 하루 동안 틈나는 대로 무한 반복해서 외우세요! 한글을 보면서 영어
문장이 자동적으로 떠오를 때까지.

훈련 체크 ☐☐☐☐☐☐☐☐☐☐

Part 5 표현 저널 쓰기 Expression journal

narrow ~ down

선택 가능한 수를 줄이다, 좁히다
to reduce the number of possibilities, options

> '뭔가의 범위를 어떻게까지 줄이다.', '범위를 줄이다.'라는 뜻으로 쓰입니다.
> 전치사 to를 쓰면 narrow something down to something으로 쓸
> 수 있습니다.

1. We can narrow the choice down to red or yellow.
   (우리는 빨강이나 노랑으로 선택을 좁힐 수 있어.)

2. All the food on the menu looked delicious,
   so I tried to narrow down my choices
   to healthy foods.
   (메뉴에 있는 모든 음식들이 맛있어 보여서
   건강한 음식들로 선택의 폭을 좁혔어.)

3. I've narrowed it down to one of two people.
   (난 두 사람 중 한 명으로 범위를 좁혔어.)

4.

5.

Don't be afraid to fail
실패하는 걸 두려워하지 마세요

2017년 8월 15일, 미국의 영화배우이자 감독인 덴젤 워싱턴이 뉴올리언스에 있는 딜러드 대학의 졸업식에서 연설을 했습니다. 그는 위대함을 성취하기 위한 실패의 필요성에 대해 강력하게 이야기합니다.

Part 1 오늘의 예습 Today's Preview

MP3 파일 듣기

① Fail big! You only live once.
② So do what you feel passionate about!
③ Take chances professionally.
④ Don't be afraid to fail.

① 크게 실패하세요! 당신은 오직 한 번 인생을 삽니다.
② 그러니 당신이 열정을 느끼는 것을 하세요!
③ 전문가답게 기회를 잡으세요.
④ 실패하는 걸 두려워하지 마세요.

단어와 표현

* **fail** [feil 페이얼] 실패하다, 실수하다.
* **passionate** [ˈpæʃənət 패션닛] ① 욕정/열정을 느끼는 ② 열정적인, 열렬한
* **professionally** [prəˈfeʃənəli 프러페셔널리] ① 직업적으로 ② 전문적으로
* **afraid** [əfréid 어프뤠이드] ①두려워하는, 무서워하는, (…하기를) 겁내는

① **Fail big**! You **on**ly **live on**ce.
  D   D   d   D   D'   D

② So **do** what you **feel pa**ssionate about!
  d D   d   d   D'   D   d

③ **Take** chances pro**fe**ssionally.
  D'   D   D

④ **Don't** be a**fraid** to **fail**.
  D'   d   D   d D

Main Sentence

Don't be a**fraid** to **fail**.
  D'   d   D   d D

---

be afraid of / to V. 이 숙어가 익숙하신 분들이 많을 거예요. 학창시절에 배웠던 숙어죠. 표현을 아는 것과 어떤 뉘앙스로 표현을 실제로 쓸 수 있는 것은 달라요. 저널을 꼭 하셨으면 좋겠습니다. 이렇게 좋은 표현 하나 딱 기억하면서 자연스럽게 'be afraid to' 느껴봅니다.

① **Fail big**! You **on**ly **live on**ce.
  D   D   d   D   D'   D

Fail big.

<u>Fail.</u> 일단 이 단어부터 보도록 할게요. f를 위해 윗니를 아랫입술에 대고 터지면서 소리 냅니다. 그 다음에 나오는 dark l 처리를 잘해야 해요. 그

냥 '페일'이 아니에요. dark l 느낌을 끝에 넣어줘서 '얼' 하면서 혀끝이 입천장 시작
부분을 살짝 닿고 끝납니다.

You **on**ly live **on**ce.

only 발음 얘기한 적이 있어요. n을 하려고 혀가 입천장의 치경쪽에 닿죠. 그런데
바로 뒤에 나오는 l이 light l이에요. light l은 혀끝이 입천장 시작하는 부분에 닿
아요. 그래서 혀끝이 n을 위해 치경쪽에 닿았다가 l을 위해 바로 혀끝이 앞으로 미끄
러져요.

only의 **on**에서 훅! 뱉어주고, 올라오는 소리에 live 처리하지만 정확하고 명료하게
소리 들려줍니다. 그리고 다시 **on**ce에서 훅! 뱉어주세요.

TIP	혀끝 근육 훈련하기

한국어는 혀끝에 힘이 들어가는 경우가 거의 없어서 혀끝 근육이 많이 풀려있어요. 영어는 혀끝에
힘이 들어가는 경우가 꽤 많죠. 그래서 정확한 발음을 위해서 혀끝의 근육을 디테일하게 쓰는 훈련
을 많이 해야 해요.

---

② So **do** what you **feel pa**ssionate about!
　　 d D　 d　　 d　 D'　　 D　　　 d

So **do**. d D. **do**에서 d 소리 제대로 내셔서 울림을 주시면 더 좋아요. 치경에 대
고 팍 하고 터지면서 소리 냅니다.

what you feel **pa**ssionate about. 이 문장에서 내용어는 feel과
passionate입니다. 두 단어가 붙어 있어서 둘 다 뱉을 수는 없죠. feel보다는
passionate에 더 훅! 뱉어줬어요. 그래도 feel은 내용어이므로 정확한 강세와 발
음으로 해주세요. 'f + ee + dark l' 구조입니다. 발음 기호를 보면 [fiːl]입니다.
길게 소리 내라는 거죠. 그냥 입을 쫙 옆으로 찢으면 알아서 길게 됩니다. 그리고
dark l을 위해 '얼' 하면서 끝냅니다.

음소단위 ee는 입을 옆으로 미소짓듯 쫙 벌려줍니다. 그러다 보니 쫙 찢는 데 시간이 걸려서 어느 정도 길게 소리 냅니다.

passionate about. **pa**ssionate 같이 긴 단어 소리를 낼 때는 강세를 제대로 하고 한 호흡에 단어 처리를 하는 것이 중요합니다. **pa**에서 훅 던지고 들어오는 소리에 about까지 처리합니다.

자, 의미단위를 붙여서 이제 한 문장으로 해볼게요.
So **do** what you feel **pa**ssionate about.

③ **Take chan**ces pro**fe**ssionally.
　　　D'　　**D**　　　　　**D**

이 문장은 다 내용어로 구성되어 있습니다. 어디에도 뱉을지는 본인이 결정하면 됩니다. 영상에서는 **chan**ces와 pro**fe**ssionally에 뱉어줬어요. 그런데 이 두 단어가 붙어 있어서 둘 다 힘을 주기 위해서 영상에서는 사이에 살짝 띄어서 소리 냈습니다. 연설에서는 마음의 울림을 주기 위해 이렇게 많이 소리 냅니다. **chan**ces는 ch 소리 제대로 내서 해주세요.

ch 음소단위는 위아래 이 6개 정도가 보이도록 입술을 뒤집어 까주시고 혀는 치경에 위치시킨 다음에 터지는 소리예요.

pro**fe**ssionally의 단어 자체 리듬은 d D d d입니다. 이렇게 긴 단어는 강세를 생각하면서 한 호흡에 훅! 나오게 연습합니다.

Take **chan**ces / pro**fe**ssionally.

④ **Don't** be a**fraid** to **fail**.
    D'   **d**   **D**   **d** **D**

a**fraid** to를 보면 d로 끝나고 t로 시작하죠. 음소단위 d와 t는 쌍이 되는 소리죠. 그래서 따로따로 소리 내지 않습니다. '어프레이드 투'가 아니고 'afrai(d) to' 이렇게 소리를 내면 훨씬 편합니다.

fail의 발음기호를 보면 [feil]입니다. dark l로 끝나서 '얼' 소리를 내줘야 해요. 따라서 '페일'이 아니라 '페이얼' 이런 느낌으로 소리 냅니다.

이 문장에서 훅! 뱉은 소리는 a**fraid** 와 **fail**입니다.
Don't be a**fraid** to **fail**.

자, 이제 소리튜닝 반복 훈련을 시작해볼까요?

덴젤 워싱턴이 성공을 하기 위해서 해야 할 것을 두 가지로 정리했어요.

첫 번째는 당신이 뭔가를 할 때 신에 대해서 먼저 생각해라. God과 항상 같이 해라. 신이라고 해서 특정 종교일 필요는 없는 거예요. 그런 신념을 가지고서 뭔가를 하라는 얘기죠.
두 번째가 이번 강의에서 말한 것입니다. 크게 실패해라.

이 부분 연설문을 조금 더 가져와봤습니다. 더 읽어볼까요?

Fail big. You only live once, so do what you feel passionate about, take chances professionally, don't be afraid to fail. There's an old IQ test was nine dots and you had to draw five lines with a pencil within these nine dots without lifting the pencil. The only way to do it was to go outside the box, so don't be afraid to go outside the box. Don't be afraid to think outside the box. Don't be afraid to fail big, to dream big.

① **Fail big**! You **only live on**ce.
② So **do** what you **feel pa**ssionate about!
③ **Take chan**ces pro**fe**ssionally.
④ **Don't** be a**fraid** to **fail**.

> **TIP**   완전히 외울 때까지 발음하면서 Writing도 반복하세요!

훈련 체크   ☐☐☐☐☐☐☐☐☐☐

Part 4   한-영 훈련

①크게 실패하세요! 당신은 오직 한 번 인생을 삽니다.
②그러니 당신이 열정을 느끼는 것을 하세요!
③전문가답게 기회를 잡으세요.
④실패하는 걸 두려워하지 마세요.

> **TIP**   소리튜닝 배운 대로 하루 동안 틈나는 대로 무한 반복해서 외우세요! 한글을 보면서 영어문장이 자동적으로 떠오를 때까지.

훈련 체크   ☐☐☐☐☐☐☐☐☐☐

be afraid

～을 두려워하다

> 여러분이 두려워하는 것에 대해서 말할 때 쓸 수 있겠죠. 두려워하는 대상을 쓰시면 되겠죠. '～을 두려워 하다'라고 할 때 보통 두려운 대상이 명사일 땐 be afraid of를 쓰고 두려운 대상이 동사로 나올 때는 to 부정사를 씁니다.

1. Hey, don't be afraid.

   (야! 무서워하지 마.)

2. I've always be afraid of heights.

   (나는 높은 곳에 가면 무서워요.)

3. Hey, don't be afraid to say what you think.

   (네 생각을 말하는 걸 두려워하지 마.)

4.

5.

You have to trust in something
여러분은 뭔가를 믿어야 해요

애플의 설립자 스티브 잡스가 2005년 6월 12일, 미국 캘리포니아에 위치한 스탠포드 대학의 제114회 개학식에서 연설했습니다. 쓸모없다고 했던 캘리그라피 수업이 매킨토시의 글씨체에 도움이 되었다고 하네요.

Part 1 오늘의 예습 Today's Preview

🎧 MP3 파일 듣기

① You have to trust that the dots will somehow connect in your future.
② You have to trust in something.
③ Your gut, destiny, life, karma, whatever.
④ Because believing that the dots will connect down the road, will give you the confidence to follow your heart.

① 점들이 어떻게든 당신의 미래에 연결된다는 것을 믿으셔야 합니다.
② 여러분은 뭔가를 믿어야 해요.
③ 당신의 용기, 운명, 인생, 업보, 뭐가 됐든,
④ 점들이 연결되어 있다고 믿어야 마음 가는 대로 갈 용기가 생깁니다.

단어와 표현

* somehow ['sʌmhaʊ 섬하우] ① 어떻게든 ② 왜 그런지, 왠지
* connect [kə'nekt 커넥ㅌ] ① 잇다, 연결하다 ② 연결하다, 접속하다
* gut [gʌt 거ㅌ] ① 내장 ② (비격식) –s: 배짱
* down the road 장차 언젠가는
* confidence ['kɑːn- 칸피던ㅅ] ① 신뢰 ② 자신감, 확신

① You **have** to **trust** that the **dots** will
   d   **D**   **D**   d   **D**   d   d   **D**   d

somehow con**nect** in your **fu**ture.
D   **D**   d   d   **D**

② You **have** to **trust** in **some**thing.
   d   **D**   d   **D**   d   **D'**

③ Your **gut**, **de**stiny, **life**, **kar**ma, whatever.
   d   **D**   **D**   **D**   **D**   d

④ Because be**lie**ving that the **dots** will
   d   **D**   d   d   **D**   d

con**nect** down the **road**, will **give** you
D   d   d   **D**   d   **D**   d

the **con**fidence to **fol**low your **heart**.
d   **D**   d   **D**   d   **D**

Main Sentence

You **have** to **trust** in **some**thing.
d   **D**   **D**   d   **D**   d   **D'**

당신은 something에 대해서 믿어야 됩니다. '무엇인가에 대한 믿음과 신뢰를 가져야 됩니다.'정도의 뜻을 가지고 있죠.

① You **have** to **trust** that the **dots** will
　　d　　D　　d　　D　　D　　d　　d　　D　　d

somehow con**nect** in your **fu**ture.
　　D　　　　　　D　　d　　d　　D

You **have** to **trust**. 이 의미단위에서 내용어는 **trust**입니다. 뱉어줬습니다.
trust에서처럼 2개의 자음이 같이 붙어 있을 때는 두 음소를 따로따로 '트러' 이렇
게 소리 내지 않습니다. 한 단어처럼 소리나오게 합니다. '트러스트'라고 하셔도 괜찮
지만 보통 편하게 말하기 위해서 tr 소리는 '츄'로 소리 냅니다.
원래 have to는 기능어여서 힘이 들어가면 안 되는데 연설이니까 "당신은 해야 돼
요!"라는 말을 강조하고 싶어서 힘을 많이 줬습니다.

that the **dots** will **some**how con**nect**.
that the. 절대 힘 들어가지 않아요. 나에게 들릴 듯 말듯, 복화술 하듯이 기능어 처
리하세요.
that the **dots**. 여기까지 리듬은 d d D이죠. **dots**에서 훅! 뱉어줍니다. 리듬감이
느껴지게 해주세요. dots는 t 다음에 복수형으로 만들기 위해서 s가 왔죠. t는 무성
음이에요. 무성음 다음에 나오는 s는 소리를 z가 아니라 s로 내줍니다. 그런데 ts는
특히 합쳐서 '츠' 하고 소리 내면 편합니다.
그다음 **dots**에 훅! 던지고 들어오는 소리에 will 처리합니다. 그리고 다시
somehow에서 훅! 뱉어줍니다. 물론 뱉어주는 내용어 사이에 세기 조절을 해야
해요. 다 똑같이 소리를 내면 로봇스러워져요.
con**nect**는 '커넥트' 아니고 d D 리듬이에요. n 소리를 위해서 혀가 입천장에 힘
을 준 상태에서 나옵니다. 천장에 대고 '은' 하면 혀끝에 힘이 들어가는 게 느껴지시
죠? '(으)넥트' 하면 **nect**가 귀에 확 하고 꽂히죠.

in your **fu**ture. d d D 리듬입니다. **fu**ture는 강세가 **fu**에 있죠. 강세 부분은
길게 해줍니다. 강세인 **fu**에서 훅! 던지고 올라오는 소리에 ture 처리하기 때문에
강세가 들어가는 부분과 안 들어가는 부분의 길이가 다릅니다. 이게 한국어와 영어
의 아주 큰 차이점이에요. 이것 때문에 리듬이 나오는 거예요.

여기까지 되셨어요? 쟤 연결해볼까요.

You **have** to **trust** / that the **dots** will **some**how con**nect** in your **fu**ture.

이런 식으로 의미단위 사이에 생각하는 느낌으로 쉬었다 말해도 됩니다.

② You **have** to **trust** in **some**thing.
 d   **D**   d   **D**   d   **D'**

우리 대표문장 나왔어요.

You **have** to **trust** in. 제일 중요한 것은 **trust**예요. 상대의 귀에도 빡 하고 꽂아주셔야 돼요. **trust** 한 다음에 순간적으로 in 연결되죠? 자음 t 다음에 i라는 모음이 있으니까 확 붙어버리죠. '트러스트 인' 이렇게 따로따로 소리 내지 않고, '**tru**stin' 이렇게 **tru**가 강세인 한 단어처럼 소리 냅니다.

tru에 뱉고 돌아오는 소리에 something까지 처리합니다.

③ Your **gut**, **de**stiny, **life**, **kar**ma, whatever.
 d   **D**   **D**   **D**   **D**   d

Your **gut**. g 소리 제대로 내주세요. gut 하면 배짱, 용기 그런 뜻을 가지고 있죠.

> **음소단위**   **g**
>
> 자음 g 소리 어떻게 낸다고 했죠? k의 유성음이 바로 g 소리예요. 그래서 k에다가 성대 소리만 넣어주시면 되는 거예요. 배에 힘이 들어갈 수밖에 없는 소리입니다.

destiny. '데. 스. 티. 니.' 아니죠. 이 단어의 리듬은 D d d입니다. **de**에 훅! 뱉고 나머지를 한 호흡에 처리합니다.

life. 하나하나가 다 중요한 단어라서 다들 제대로 된 음소단위로 처리해줘야 해요. 혀끝을 입천장 시작 부분에 대고 '을' 했다가 명료하게 소리 냅니다.

karma. 무슨 뜻을 가지고 있죠? '업보'라는 뜻이죠. 서양 문화와 많이 안 어울리는 단어죠. 그래서 단어 자체가 느낌이 외래어스러워요.
<u>whatever.</u> '무엇이든'이란 뜻이죠.

④ Because be**lie**ving that the **dots** will
　　d　　　　　D　　　　　d　　d　　D　　d

　con**nect** down the **road**, will **give** you
　　D　　　　d　　　d　　D　　　d　　D　　　d

　the **con**fidence to **fol**low your **heart**.
　　d　　D　　　　d　　D　　　d　　D

<u>Because be**lie**ving.</u> be**lie**ve 단어 연습부터 할게요. 강세가 **lie**에 있어요.
이 단어의 리듬은 d D입니다. **lie**에서 길게 훅! 뱉어줍니다. 그런데 ing가 붙어
서 d D d 리듬이 된 거죠. 바나나 리듬입니다. 먼저 내용어 단어를 충분히 연습해
줍니다. 충분히 편하게 나오기 시작하면 이제 Because 기능어 소리 연습했다가
be**lie**ving에서 훅! 뱉을게요.

<u>that the **dots** will con**nect** down the **road**,</u> 이 문장에서 내용어는 dots,
connect, road입니다. 일단 내용어 단어들을 발성, 강세, 발음 생각해서 먼저 연
습해줍니다.
road의 oa는 ou 소리입니다. 그래서 '로드'라고 소리 내지 않아요. '로우ㄷ'이렇게
연습합니다.

자, 이제 리듬 연습해볼게요. d D d d D d D d d D 리듬입니다. 조금 길긴 해도
별로 어렵지 않은 리듬입니다. 온 몸으로 리듬을 느껴봅니다. 어느 정도 리듬이 익숙
해졌으면 천천히 영어를 대입해봅니다.
<u>Because be**lie**ving that the **dots** will con**nect** down the **road**.</u>
여기까지가 주어죠. 다음에 동사가 나옵니다.

will **give** you the **con**fidence. 이 의미단위에서 내용어는 give와 confidence입니다. 일단 먼저 내용어 단어들 제대로 연습할게요.

confidence. 이 단어의 리듬은 D d d입니다. c 소리 살려서 배에 힘이 들어가면 c 소리가 더 잘 나옵니다. **con** 나가고 들어오는 소리에 나머지 처리하시는 거예요. 내용어 단어가 이제 편하게 한 호흡에 나오면 이제 리듬을 연습할게요. d D d d D 리듬입니다. 리듬을 연습할 때, 팔을 움직여도 되고 몸을 움직여도 좋습니다. 힙합 음악을 듣는 느낌으로 리듬을 타보세요. 그리고 영어로 대입해줍니다.

to **fol**low your **heart**. 이 의미단위에서 내용어는 follow와 heart죠. 먼저 내용어 단어들 연습해주세요.

follow 할 때, 윗니가 아랫니를 물었다 놔주면서 소리 낼게요.

heart 역시 h 음소단위 소리 내는 법을 생각해서 훅! 뱉어줍니다. 리듬은 d D d D 리듬이죠. 연습하고 영어 대입해주세요.

> **TIP**   heart vs. hurt
>
> heart와 hurt 소리를 헷갈려 하시는 분들이 많습니다. 이 둘의 차이는 중간에 있는 모음입니다. heart의 ea 소리는 a 소리예요. father의 a 소리입니다. 그에 비해, hurt는 [ə:]입니다. bird 의 ir도 이 소리를 냅니다. 보통 뒤에 r이 와서 r 소리를 좀 길게 한다고 생각하세요. 그래도 헷갈린다면 heart는 한국어의 '하트' 하는 느낌을 생각하면서 소리 냅니다.

전체 문장 연습해볼까요?

Because be**lie**ving that the **dots** will con**nect** down the **road**, will **give** you the **con**fidence to **fol**low your **heart**.

이 문장은 매우 길고 복잡합니다! 하지만 이렇게 의미단위마다 충분히 연습하고 붙이면 아무리 길어도 다 할 수 있습니다.

자, 이제 소리튜닝 반복 훈련을 시작해볼까요?

Part 3 소리 반복훈련

 MP3 파일 듣기

① You **have** to **trust** that the **dots** will **some**how con**nect** in your **fu**ture.
② You **have** to **trust** in **some**thing.
③ Your **gut**, **de**stiny, **life**, **kar**ma, whatever.
④ Because be**lie**ving that the **dots** will con**nect** down the **road**, will **give** you the **con**fidence to **fol**low your **heart**.

훈련 체크 ☐☐☐☐☐☐☐☐☐☐

Part 4 한—영 훈련

① 점들이 어떻게든 당신의 미래에 연결된다는 것을 믿으셔야 합니다.
② 여러분은 뭔가를 믿어야 해요.
③ 당신의 용기, 운명, 인생, 업보, 뭐가 됐든,
④ 점들이 연결되어 있다고 믿어야 마음 가는 대로 갈 용기가 생깁니다.

훈련 체크 ☐☐☐☐☐☐☐☐☐☐

trust in

믿다, 신뢰하다
to believe in someone or something

> trust는 in을 쓸 때도 있고 trust 다음에 목적어가 바로 올 때도 많아요. in을 쓸 때와 안 쓸 때 뉘앙스 차이가 좀 있어요. I trust you. 나는 당신을 믿어요. I trust in God. 나는 신을 믿어요. 일단 trust 다음에 in이 없는 경우 바로 사람이 많이 와요. trust in은 보통 콘셉트나 아이디어 같은 것에 대해서 '믿는다'고 할 때 많이 쓰이는 편입니다. God 같은 존재에는 trust in을 쓰는 편입니다. 하지만 교차해서 쓰기도 합니다.

1. I trust in God.
   (나는 신을 믿는다.)

2. It's important that you trust in yourself.
   (네가 너 자신을 믿는 것은 중요하다.)

3. If people like you, they will listen to you.
   But if they trust you,
   they will do business with you.
   (사람들이 당신을 좋아하면, 그들은 당신에게 귀 기울일 것이다.
   그러나 그들이 당신을 신뢰하면, 당신과 거래할 것이다.)

4.

5.

저는 대학교를 삼수를 해서 붙었어요.

재수했을 때는 성적이 꽤 잘 나왔어요. 그래서 좀 미쳤었어요. 어느 대학에 원서를 넣을지 생각도 안 하고 맨날 놀러 다녔어요. 가고 싶은 데가 없더라고요. 가고 싶은 과도 없고, 원하는 게 뭔지도 몰랐던 것 같아요. 그래서 오빠한테 알아서 써달라고 했어요. 그런데 오빠는 제 내신을 몰랐어요. 그러니까 수능점수에 맞춰서 쓴 거예요. 대학을 다 떨어졌어요. 내신은 꼴찌 등급이었거든요. 인생이 무너지는 것 같았어요.

'어쩌지? 내 인생 진짜 끝났네.'

어쩔 수 없이 삼수 생활을 시작합니다. 소가 도살장에 끌려가는 기분으로 학원에 갔던 것 같아요. 너무 싫었어요. 머리숱이 반 정도가 다 빠졌어요. 당시 재수생들이 삼수생을 무시했는데, 그 말들이 비수처럼 꽂히더라고요. 지하철에서 꺼이꺼이 울었어요. 삼수 했을 때 수능 성적은 재수했을 때랑 똑같이 나왔어요. 그때는 이렇게 생각했어요.

'내 인생에서 삼수는 정말 쓸데없는 시간이었다.'

그런데 어쩌다가 제가 재수학원 강사로 가게 되었어요. 그러니까 삼수 생활의 기억들이 너무 도움이 되더라고요. 아이들의 마음을 정말 알겠더라고요. 내가 겪었으니까요. 그래서 그때 느꼈죠. 쓸데없는 경험은 없구나. 이렇게 내 인생이 이어지려고 그랬구나.

만일 여러분도 힘든 시기를 겪고 있다면 조금만 참고 견디세요. 미래에 점들이 다 연결이 될 거예요.

연설 더 읽어볼게요.

It was impossible to connect the dots looking forward when I was in college. But it was very, very clear looking backwards 10 years later.
Again, you can't connect the dots looking forward; you can only connect them looking backwards.
So you have to trust that the dots will somehow connect in your future.
You have to trust in something — your gut, destiny, life, karma, whatever.
Because believing that the dots will connect down the road will give you the confidence to follow your heart even when it leads you off the well-worn path and that will make all the difference.

Don't give up on your dream
당신의 꿈을 포기하지 마세요

연설가이자 작가, 정치가이기도 한 레스 브라운의 연설입니다. 목표를 이루는 것은 long shot이라고 합니다. 포기하지 않고 지치지 않고 계속하는 것이 중요합니다. 어려움이 닥쳤다고 불평하지 않고 나를 믿고 나아갑니다.

Part 1   오늘의 예습 Today's Preview

🎧 MP3 파일 듣기

① How did this have to happen to me?
② It was very hard.
③ Here's what I want to say to you.
④ For those of you
   that have experienced some hardships,
⑤ Don't give up on your dream.

① 어떻게 나한테 이런 일이 일어나야만 하죠?
② 정말 힘들었어요.
③ 제가 여러분에게 하고 싶은 말이 여기 있습니다.
④ 어려움을 겪어보셨던 분들에게요.
⑤ 당신의 꿈을 포기하지 마세요.

단어와 표현

＊**happen** [ˈhæpən **해쁜**]　① 발생하다, 벌어지다　② 일어나다, 되다
＊**experience** [ikspíəriəns 익스**삐**어리언스]
　　명사: ① 경험, 경력　② 일, 체험　동사: ① 경험(체험)하다
＊**hardship** [háːrdʃip **할**∼ㄷ쉽]　(돈·식품 등의 부족에서 오는) 어려움, 곤란

① **How** did this have to **ha**ppen to me?
　D　　d　　d　　d　　d　　D　　d　　d

② It was **ve**ry **hard**.
　d　　d　　D　　D'

③ **Here**'s what I **want** to **say** to you.
　D　　d　　d　　d　　D'　　d　　D　　d　　d

④ For **those** of you
　d　　D　　d　　d

　that have ex**pe**rienced some **hard**ships,
　d　　d　　　　D　　　　d　　　　D

⑤ **Don't** **give** **up** on your **dream**.
　D　　D'　　d　　d　　d　　　　D

Main Sentence

Don't **give** **up** on your **dream**.
　D　　D'　　d　　d　　d　　　D

'꿈을 포기하지 마.' 이분이 이런 말을 하니까 더 멋지죠. 전설의 동기부여가인 레스 브라운의 성장 배경은 그리 좋지 않았어요. 가정환경이 좋은 것도 아니었고, 공부를 잘하는 것도 아니었죠. 중간에 학교도 중퇴했어요. 그런 분이 꿈을 포기하지 말라고 하시니까 울림이 더 크네요.

① **How** did this have to **ha**ppen to me?
   D　D　d　d　d　d　**D**　d　d

레스 브라운은 사람들에게 '나는 할 수 있다.'라고 말하고 다니는 동안에도 경제적인 문제에 허덕였다고 합니다. 그러면서 '내가 과연 할 수 있을까?'라는 의심이 생겼겠죠. 그리고 너무 힘들어서 신에게 '어떻게 나한테 이런 일이 일어나야만 하죠?' 질문했다고 하는 장면이에요.

How did this have to **ha**ppen to me?
How에 훅! 뱉고 돌아오는 소리에 did this have to 까지 처리해야 입이 꼬이지 않아요. 여기까지 꼬이지 않게 충분히 연습할게요.
충분히 편해졌으면, **ha**ppen의 강세 **ha**에서 훅! 뱉어줍니다. 그리고 돌아오는 소리에 -ppen to me까지 편하게 처리해줍니다. t에 강세가 없으면 ㄷ이나 ㄹ소리가 나죠. 그래서 더 뭉개면 '해쁜루미' 이렇게 소리 낼 수 있어요.

② It was **ve**ry **hard**.
   d　d　**D**　**D'**

이 문장에서 내용어는 very와 hard인데 둘 다 뱉으면 소리가 끊어지니 둘 중 하나에만 뱉어주죠. 이 영상에서는 **ve**ry에 훅! 뱉어주고 들어가는 소리에 hard 처리해줬어요. 하지만 어쨌든 hard는 내용어이기 때문에 뭉개지면 안 됩니다. 정확한 소리가 들려야 돼요. 대신에 훅 나가지만 않을 뿐이에요.

③ **Here**'s what I **want** to **say** to you.
   D　d　d　d　**D'**　d　**D**　d　d

'너무 힘들었어요. 하지만 내가 여러분에게 해줄 말이 있어요.' 이렇게 내용이 전개되는 거예요. 그랬을 때 많이 쓰는 말입니다.

Here's. Here의 h 소리를 훅! 뱉고 올라오는 소리에 's 처리해서 한 단어처럼 느껴지게 합니다.

what I want to **say** to you. 이 의미단위에서 내용어는 want와 say입니다. want to는 wanna 이렇게 줄여서 빠르게 처리했어요. **say**에서 훅! 뱉고 돌아오는 소리에 to you까지 처리해줍니다. to you 할 때 to는 강세가 없을 때 t 소리가 ㄷ이나 ㄹ 소리로 나와서 거의 '루유' 정도로 뭉개졌어요.

여기까지 한 번 해볼게요.

Here's what I wanna **say** to you.

④ For **those** of you
   d   D   d   d

   that have ex**pe**rienced some **hard**ships,
   d   d   D   d   D

For **those** of you. 여기서 **those**는 지시사입니다. 약한 내용어이지만 여기서는 훅! 하고 뱉어줬어요. **those** 소리 낼 때 th 돼지꼬리 소리고요. 유성음입니다. 혀끝이 이 사이에 나왔다가 들어가면서 성대를 울려줍니다. **those**에 훅! 뱉고 돌아오는 소리에 of you 처리해줍니다.

that have ex**pe**rienced some **hard**ships. 길어 보이는 의미단위이지만 내용어는 experienced와 hardships밖에 없습니다.

일단 that have를 입에서 편하고 빠르게 연습합니다.

그리고 ex**pe**rienced의 강세인 **pe**에서 훅! 뱉어주고 올라오는 소리에 some까지 처리해줍니다. experienced의 과거형 −ed는, 발음기호상 무성음 s로 끝났기 때문에 t 소리가 납니다.

그리고 다시 **hard**ships의 강세인 **hard**에서 훅! 뱉어줍니다. hard의 끝이 d 소리여서 혀끝이 치경에 닿고 호흡을 끊기 때문에 ships 할 때 살짝 끊어지는 느낌을 살려줍니다.

모든 의미단위들을 다 이어볼게요.

For **those** of you that have ex**pe**rienced some **hard**ships.

⑤ **Don't give up** on your **dream**.
     D   D'   d   d   D

Don't give **up**. 이 문장에서 내용어는 Don't, give, dream입니다. 그런데
give **up**이 이어동사여서 **up**에 힘이 더 들어가고 음이 올라갑니다. **Don't**에서 훅!
던져주고 돌아오는 소리에 give **up** 처리하되 **up**의 음을 높여줍니다.
on you **dream**. d d D 리듬입니다. dream의 dr은 자음이 겹친 소리입니다.
이럴 때 '드림' 이렇게 소리 내지 않아요. 한 호흡에 같이 나온다는 느낌으로 '쥬' 이
렇게 소리 내면 좀 더 편합니다.

Don't give **up** on your **dream**.

자, 이제 소리튜닝 반복 훈련을 시작해볼까요?

해석이
어려우시죠?

통역사나 번역가를 저는 정말 존경해요.

저도 정식 통역사는 아니지만, 통역사로서 일을 하기는 했어요. '나는 통역사가 길이 아니구나.' 크게 느꼈어요.

통역사는 순간적인 해석 전환이 필요해요. 엄청난 훈련이 필요하죠. 영어와 한국어 둘 다 잘해야 하고, 매칭이 바로바로 돼야 해요. 저는 그게 안 됐어요. 그래서 그 길로 가지 않았어요.

이렇게 통역사도, 저도 어렵습니다. 여러분은 어려운 게 당연하죠. 천천히 훈련해나가시면 됩니다.

① **How** did this have to **ha**ppen to me?

② It was **ve**ry **hard**.

③ **Here**'s what I **want** to **say** to you.

④ For **those** of you

　 that have ex**pe**rienced some **hard**ships,

⑤ **Don't give up** on your **dream**.

> **TIP**　완전히 외울 때까지 발음하면서 Writing도 반복하세요!

훈련 체크　☐☐☐☐☐☐☐☐☐☐

Part 4　한–영 훈련

① 어떻게 나한테 이런 일이 일어나야만 하죠?

② 정말 힘들었어요.

③ 제가 여러분에게 하고 싶은 말이 여기 있습니다.

④ 어려움을 겪어보셨던 분들에게요.

⑤ 당신의 꿈을 포기하지 마세요.

훈련 체크　☐☐☐☐☐☐☐☐☐☐

what I want

내가 원하는 것

> what I want 다음에 to 부정사 쓰시면 되는 겁니다.
> This is what I wanna buy. 이게 내가 사려는 거야.
> This is what I wanna say. 이게 내가 말하려는 거야.
> 지금 wanna에 to가 포함되어 있어요. to를 또 쓰지 않습니다.

1. I will tell you exactly what I want!
   (내가 꼭 원하는 것을 말해줄게!)

2. What I want for Christmas is you.
   (크리스마스에 내가 원하는 것은 너야.)

3. That's what I want to talk about.
   (그게 내가 말하고 싶은 거야.)

4.

5.

여러분이 만약 동기 부여에 관한 영상에 관심이 있으시다면 유튜브에서 많이 보셨을 만한 분이에요. 하지만 레스 브라운의 삶이 과연 항상 성공적이었느냐? 그렇지 않아요. 학교도 중퇴했어요. 어느 날 친구 학교 앞에 서 있는데 갑자기 어떤 선생님이 물어요.

"너는 뭐가 되고 싶니?"
"선생님, 저는 이 학교 학생도 아닌데요."
"괜찮아. 뭐가 되고 싶니?"

그래서 대답을 했대요.

"저는 DJ가 되고 싶어요. 그런데 저는 지금 학교도 그만뒀고, 멍청하고, 아무것도 못해요."

그랬더니 선생님이 이렇게 말했어요.

"할 수 있어, 해봐. 일단은 필요한 것을 준비해."

그래서 정말 준비를 하다가 라디오 DJ를 뽑는 곳에 간 거죠. 가서 다짜고짜 얘기를 한 거예요.

"저 라디오 DJ를 하고 싶어요, 일자리를 주실 수 있나요?"

"너 학교 어디 나왔는데? 뭐 해봤어?"

"안 해봤어요."

"너에게 줄 일자리는 없어."

그 얘기를 듣고 돌아와서 선생님한테 말했더니 7번은 도전해보라고 했대요. 그래서 7번을 갔어요. 그래서 결국 일자리를 얻게 되었다는 거죠. 선생님을 만나지 않았다면 어떻게 됐을까요? 이 선생님도 레스 브라운의 삶에서는 하나의 점이었던 거죠.

연설 조금만 더 볼까요?

It was very difficult to pick myself up each day believing that I can do it. There were times that I doubted myself. I said, 'God, why is this happening to me? I'm just trying to take care of my children and my mother. I'm not trying to steal or rob from anybody. How did this have to happen to me?' It was very hard, here's what I want to say to you, for those of you that have experienced some hardships. Don't give up on your dream.

Stop looking over your shoulder
불안해하지 마세요

1965년, 미국의 조각가 에바 헤스는 곤경에 처하자 자신의 친구인 예술가 솔 르윗에게 편지를 썼습니다. 솔 르윗은 단호한 내용의 답장을 보냈는데요, 영국의 영화배우 베네딕트 컴버배치가 〈Letters Live〉라는 프로그램에 출연해 그 내용을 낭독했습니다.

Part 1 오늘의 예습 Today's Preview

🎧 MP3 파일 듣기

① You're not responsible for the world.
② You're only responsible for your work.
③ So just do it.
④ Just stop thinking, worrying,
   looking over your shoulder.

① 당신이 세상을 다 짊어질 필요는 없습니다.
② 당신의 일만 책임지면 됩니다.
③ 그러니 그냥 좀 하세요.
④ 생각, 걱정, 불안해하는 것을 멈추세요.

단어와 표현

* **responsible** [rispánsəbəl 리스**빤**서블]
  책임 있는, 책임을 져야 할 《to a person; for a thing》
* **worry** [wə́:ri **워**리] 걱정하다, 고민하다; 안달하다 《about; over》
* **look over one's shoulder** 불안해하다

① You're **not** res**pon**sible for the **world**.
d d D   D   d d D

② You're **on**ly res**pon**sible for your **work**.
d d D   D   d d D

③ So just **do** it.
d d D d

④ Just **stop thin**king, **wor**rying,
d   D   D   D

looking over your **shoul**der.
D   d   d   D

Main Sentence

Stop looking over your **shoul**der.
D   D   d   d   D

직역하면 무슨 뜻이죠? '내 어깨 쪽을 보다.' 내 어깨를 보려고 하면 어떻게 해야 되죠? 뒤를 돌 수밖에 없는 거죠. 의역하면 어떻게 될까요? 자꾸 뒤를 돌아보는 겁니다. '뭔가 걱정하다, 불안해하다.'라는 표현으로 쓸 수 있습니다.

① You're **not** res**pon**sible for the **world**.
d d D   D   d d D

<u>You're **not** res**pon**sible.</u> '무엇에 책임이 있다'라고 할 때 be

responsible for를 쓰곤 하죠. for the는 기능어이니까 리듬은 d d D입니다. res**pon**sible의 **pon**에서 훅! 뱉어주고 돌아오는 소리에 −sible for the까지 다 처리합니다. 그리고 다시 world에서 훅! 뱉어줍니다.

not의 t 다음에 responsible의 자음 r이 나오죠. 그러니까 이때 t는 스탑 t죠. 호흡을 끊으셔야 돼요. 연음시키는 게 아니라 not / responsible '흑' 이렇게 끊는 느낌이 있어야 돼요.

res**pon**sible. 이 리듬에서의 강세는 가운데 **pon**에 있죠. s 다음에 나오는 p는 보통 된소리가 나요. 소리 규칙이죠. 그래서 '리스판서블'이라고 안 하고 '리스빤서블' 이라고 하면 소리 내기가 좀 더 편합니다.

<u>for the **world**</u>. world의 발음 연습 정말 잘하셔야 됩니다. 우리가 보통 이 단어를 편하게 말하면 'word'로 알아 듣습니다.

TIP word vs. world

word와 world는 발음이 달라요. 모양으로 보면 dark l 소리 차이밖에 없죠. 그래서 정확한 world 소리를 위해서 dark l 소리를 제대로 내줘야 합니다. word는 그냥 편하게 'w + or + d' 합하시면 돼요. 마치 한 음절인 것처럼 나옵니다. 그에 비해서 world는 2음절인 것처럼 나와요. 왜냐하면 w + or 여기까지는 똑같은데 dark l이 있죠. '얼' 소리를 넣어줘야 해요. 그다음에 d가 들어가죠. 'wor + l' 여기까지 이미 2음절이라는 느낌이 있어야 돼요. dark l 처리할 때 혀 안쪽을 목구멍으로 당기면서 '얼' 소리를 내고서 바로 혀끝이 입천장 시작하는 곳에 댑니다. worl 한 다음에 d 처리해야 되잖아요. d는 혀끝을 치경에 위치시켜야겠죠. 그래서 혀끝이 입천장 시작 시점에 있다가 미끄러지듯 치경 쪽으로 이동합니다. 만약에 슬로우 모션으로 한다면 'wor + l + d'로 해야 되는 게 world 발음이에요. 뭔가 하나가 더 껴 있는 느낌이 드시죠? 그렇게 2음절의 느낌으로 소리를 내야 합니다.

② You're **on**ly res**pon**sible for your **work**.
    d   d   D   D   d   d   D

<u>You're **on**ly res**pon**sible.</u>
only 발음은 n 소리 먼저 내요. n은 혀끝을 입천장 치경 부분에 살짝 대죠. 그 다음 l은 light l이에요. 이때 l은 n 할 때 혀끝을 대는 곳보다 조금 더 앞쪽에 대야 합니다. 그래서 순간적으로 혀가 약간 뒤쪽에 있다가 앞으로 밀어지면서 나오는 소리예요. '온니'가 아니란 얘기예요. 혀가 미끄러지듯 앞으로 오는 느낌이 있어야 돼요.
only와 responsible 중에 어디에 힘을 줄지는 여러분이 결정하시는 거예요. 그런데 이건 연설이기 때문에 중간에 살짝 쉴 수가 있거든요. You're **on**ly / res**pon**sible 이렇게 소리 낼 수 있어요.

<u>for your **work**.</u> d d D 리듬입니다. 리듬 먼저 연습하고 영어 대입해줄게요. 이렇게 계속 리듬을 연습하면, 영어로 소리 내는 게 점점 편해지고, 듣는 것도 리듬 타면서 듣게 될 거예요.

자! 이제 연결해서 소리 내볼게요.
<u>You're **on**ly res**pon**sible for your **work**.</u>

③ So just **do** it.
    d   d   D d

<u>So just</u>는 뭉개주죠.
just의 st 다음에 자음 d가 오죠. 자음과 자음 사이에 t가 올 경우 소리 내는 게 불편해져요. 그래서 t를 떼고 소리 냅니다. '저스트 두'가 아니라 'jus(t) do' 이렇게 소리를 내면 입이 편해요. 그러다 내용어 **do**에서 훅! 뱉어줍니다. **do** 할 때 혀끝을 치경에 댔다가 배에 힘을 주고 터트려주면 훨씬 큰 소리가 나옵니다.

④ Just **stop thin**king, **wor**rying,
   d   **D**   **D**   **D**

   looking over your **shoul**der.
     D   d   d   **D**

<u>Just **stop**</u>. just가 거의 소리가 안 들렸어요. st + s 구조라서 역시 t가 떨어지고 길게 s를 소리 냈다가 top에서 훅! 뱉어줍니다. stop에서 s 다음에 나오는 t니까 된소리가 나와서 '스땁' 이렇게 소리 낼 수 있습니다.

thinking, **wor**rying, **loo**king.
thinking의 th를 위해 혀끝이 이 사이에 살짝 나왔다가 다시 들어오면서 소리 내 줍니다. **thin**에 훅! 던지고 돌아오는 소리에 king 처리합니다.
worrying의 w 소리는 아이에게 뽀뽀하듯 입 오므리고 입술에 힘을 줬다가 worrying 훅! 뱉어줍니다.
looking은 'light l + oo + king'입니다. 이때 oo는 말발굽 소리여서 '으' 하듯 이 짧게 처리합니다.

<u>over your **shoul**der.</u> looking에서 훅! 뱉어주고 돌아오는 소리에 over your까지 처리하고 다시 **shoul**der에서 훅! 뱉어주세요. shoulder의 발음기호 [ʃóuldər]를 보면 ou 소리가 나죠. 그래서 '숄더' 하지 않고 '쇼울더' 이렇게 소리 냅 니다.

자, 이제 소리튜닝 반복 훈련을 시작해볼까요?

이번에 소개해드린 내용은 앞에 말씀드린 것처럼 편지의 일부분을 베네딕트 컴버배치가 이야기하는 겁니다. 실제로 에바 헤스는 이 편지를 받고서부터 삶이 확 달라졌다는 말이 있더라고요.

그런데 그 편지의 내용을 이렇게 영상으로 생생하게 남겨주니 우리는 이것을 들어봐야겠죠. 그리고 가만히 있으면 안 되겠죠.

연설문 더 읽어보시고, 스스로에게 얘기해주세요. 세상에게 가장 무서운 사람은 자기 자신이에요. 내가 나를 컨트롤하는 게 세상에서 제일 힘든 일이에요. 하지만 나를 컨트롤할 사람은 나밖에 없습니다.

Don't worry about cool. Make your own un-cool. Make your own. Make your own world. If you fear, make it work for you. Draw and paint your fear and anxiety and stop worrying about big deep things such as to decide on a purpose and way of life, a consistent approach to even some impossible end or even an unimagined end. You must practice being stupid, dumb, unthinking, empty. Then you will be able to do. You are not responsible for the world. You're only responsible for your work, so just do it.

① You're **not** res**pon**sible for the **world**.

② You're **only** res**pon**sible for your **work**.

③ So just **do** it.

④ Just **stop thin**king, **wor**rying,

　looking over your **shoul**der.

| TIP | 완전히 외울 때까지 발음하면서 Writing도 반복하세요! |

훈련 체크　☐☐☐☐☐☐☐☐☐☐

Part 4　한-영 훈련

① 당신이 세상을 다 짊어질 필요는 없습니다.

② 당신의 일만 책임지면 됩니다.

③ 그러니 그냥 좀 하세요.

④ 생각, 걱정, 불안해하는 것을 멈추세요.

| TIP | 소리튜닝 배운 대로 하루 동안 틈나는 대로 무한 반복해서 외우세요! 한글을 보면서 영어문장이 자동적으로 떠오를 때까지. |

훈련 체크　☐☐☐☐☐☐☐☐☐☐

look over one's shoulder

걱정하다
to worry or think about
something bad might happen

> 직역하면 '어깨너머로 보다'라는 뜻이기도 하지만, '걱정하다, 불안해하다' 는 의
> 미도 있어요. 물론 직역의 뜻처럼 '어깨너머로 보다'라는 의미일 수도 있습니다.

1. My brother is a bit paranoid.
   He's always looking over his shoulder.
   (내 동생은 약간 피해 망상적이야. 항상 불안해해.)

2. My best friend looked over my shoulder
   while surfing on the internet.
   (내가 인터넷 서핑 하는 동안, 친구가 어깨 너머로 봤어.)

3. You have to be looking over your shoulder
   in this business.
   (이 비즈니스에서 너는 경계해야 해.)

4.

5.

11주차 한영 훈련 중첩 복습

71일부터 77일까지 끝내셨습니다. 반복연습 계속해오셨나요?
복습해봅시다! 다음 한글 표현에 맞게 영어문장을 떠올리고 소리튜닝하여 발음해보세요!

DAY 71

① 사생활 침해 문제도 전혀 없어요. 불법 콘텐츠만 막을 뿐이에요.
② 그러니 왜 우리는 이걸 하지 않는 거죠?
③ 전혀 말이 안 되잖아요.
④ 이 시스템을 도입하도록 해야만 해요.
⑤ 이런 아이들을 도와야만 해요.

DAY 72

① 가장 특이한 상황 속에서, 너희들은 멋진 여성이 되었구나.
② 내가 살면서 했던 모든 것들 중에,
③ 너희 아빠인 게 가장 자랑스러워.
④ 네! 우린 할 수 있습니다.

DAY 73

① 제가 한 번에 2명의 유명인사 사진을 보여줄 거예요.
② 그 둘 중 누구와 데이트 하고 싶은지 고를 거예요.
③ 오, 이런.
④ 그러면 제가 또 좁혀 나가면서,
⑤ 또 다른 선택지를 줄 거예요.

DAY 74

① 크게 실패하세요! 당신은 오직 한 번 인생을 삽니다.
② 그러니 당신이 열정을 느끼는 것을 하세요!
③ 전문가답게 기회를 잡으세요.
④ 실패하는 걸 두려워하지 마세요.

DAY 75

① 점들이 어떻게든 당신의 미래에 연결된다는 것을 믿으셔야 합니다.
② 여러분은 뭔가를 믿어야 해요.
③ 당신의 용기, 운명, 인생, 업보, 뭐가 됐든,
④ 점들이 연결되어 있다고 믿어야 마음 가는 대로 갈 용기가 생깁니다.

DAY 76

① 어떻게 나한테 이런 일이 일어나야만 하죠?
② 정말 힘들었어요.
③ 제가 여러분에게 하고 싶은 말이 여기 있습니다.
④ 어려움을 겪어보셨던 분들에게요.
⑤ 당신의 꿈을 포기하지 마세요.

DAY 77

① 당신이 세상을 다 짊어질 필요는 없습니다.
② 당신의 일만 책임지면 됩니다.
③ 그러니 그냥 좀 하세요.
④ 생각, 걱정, 불안해하는 것을 멈추세요.

Special Class
갓주아의 11주차 소리튜닝 특강
– 저널은 꼭! 확실히 해주세요!

저널을 했는데도 아직도 어떤 표현을 어떤 뉘앙스로 말해야 되는지 감이 안 잡힐 수 있어요.

그러면 어떻게 해요? 저널 쓸 때 표현들을 앞에 학습법 부분에서 소개해 뒀던 사이트에서 찾아보시는 거예요.
하나의 표현에서 가능한 여러 문장의 조합이 여러분 눈앞에 펼쳐지겠죠. 하나씩 읽어보는 거예요. 그리고 마음에 드는 문장은 저널에 써보세요. '이거 진짜 많이 쓰겠는데?' 싶은 걸 골라서 저널을 쓰면 훨씬 더 와 닿아요. 내 생활 영어처럼 느껴지기 때문에. 그러다가 더 영작도 해보고요.

이런 식으로 해야, 그냥 영어로 끝나는 게 아니라 그 영어가 나의 말이 되기 시작합니다.

특히 삶에서 응용해보셔야 돼요. 내가 이 말을 누구와 어떤 상황에 있을 때 쓸까? 여자친구, 남자친구, 다른 친구들, 선생님, 가족 같은 주변 사람을 떠올리면서 상상하는 거예요.

그리고 구체적으로 상황을 가정하는 거죠. 그리고 그 사람한테 말한다는 느낌으로 연습도 해보시고 영작도 하시면 조금 더 내 영어가 되는 느낌이 있거든요. 그러면 그 상황이 왔을 때 이 표현이 나오게 됩니다.

96

저널은 뭉텅이로 기억한다고 했잖아요. 그래서 상상했던 상황과 꼭 같은 상황이 아니더라도 표현을 알고 있으면 변형해서 쓸 수 있어요.

물론 어느 정도 문법은 필요해요. 하지만 문법으로 기억하시면 안 돼요. 복잡한 문법일수록 내 입에 잘 붙는 문장을 하나 외워두시는 거예요. 이 과정이 바로 여러분께 말씀드리는 저널입니다. 그러니 저널은 꼭 해주세요!

Week 12

Day 78
|
Day 84

We become what we think about.
우리는 우리가 생각한 대로 된다.

Day 78
대표문장

I'm sick of paying for you
네 뒷바라지 하는 거 지쳤어

휴 그랜트가 어떻게 연기를 시작하게 됐는지에 대한 인터뷰입니다. 원래 휴 그랜트는 연기에 별로 관심이 없었다고 해요. 그런데 섭외가 들어왔다고 합니다. 하기 싫다고 했는데 같이 사는 형이 가라고 해서 시작하게 됐다고 하는 장면입니다.

Part 1 │ 오늘의 예습 Today's Preview

🎧 MP3 파일 듣기

① Don't be ridiculous.
② You've got to go.
③ You need some money.
④ I'm sick of paying for you.

① 말도 안 되는 소리하지 마.
② 넌 꼭 가야 해.
③ 너 돈 필요하잖아.
④ 네 뒷바라지 하는 거 지쳤어.

단어와 표현

* ridiculous [rɪˈdɪkjələs 리디큘러스]
  웃기는, 말도 안 되는, 터무니없는
* sick of ～에 지친, ～에 신물이 난

① **Don't** be ri**di**culous.
   D   d   **D**

② You've got to **go**.
  d d d d **D**

③ You **need** some **mo**ney.
  d   **D**   d   **D**

④ I'm **sick** of **pa**ying for you.
  d d **D** d   **D**   d   d

Main Sentence

I'm **sick** of **pa**ying for you.
d d **D** d   **D**   d   d

---

sick of. 정말 많이 쓰이는 표현이죠. '시크 오브' 아니고요. 자음으로 끝나고 모음으로 시작하니까 연결되죠. 그래서 '**sick**of' 새는 소리, s 소리 제대로 내 주시고요. '시커브' 하는 느낌으로 이어서 소리 냅니다.

'너한테 돈 지불하는 게 너무 지겨워.' 그런 뜻이고요. 다시 말해서 '등골 그만 빼. 너한테 돈 대느라고 내가 진절머리가 났어.' 정도로 해석할 수가 있겠죠.

① **Don't** be ri**di**culous.
   D   d   **D**

정말 많이 쓰는 표현이죠. 잘 연습해서 아무 때나 좋은 소리로 나오게 연습합니다. '말도 안 되는 소리 하지 마. 웃기는 소리 하지 마. 어이 없는 소리 하지 마.' 정도로 해석할 수 있겠죠.

이 문장에서 내용어는 don't와 ridiculous입니다. 긴 단어 먼저 연습해볼게요. ridiculous는 d D d d 리듬의 단어입니다. 먼저 리듬 느껴보고 영어 넣어볼게요. 한 호흡에 훅 하면서 나오는 소리예요. 강세가 **di**에 있으므로 혀끝을 치경에 대고 제대로 팍 터트려줍니다.

쟈! 이제 이 단어가 편하게 나오면 전체 문장의 리듬을 느껴볼게요. 이 문장의 리듬은 D d D입니다. 먼저 리듬을 느껴볼게요. 그리고 영어를 대입해봅니다. 내용어인 don't와 ridiculous를 똑같은 세기로 훅! 훅! 뱉으면 어색할 수 있어요. 두 단어의 세기를 조절해줍니다.

② You've got to **go**.
    d   d   d   d   D

have got to 하면 have to의 뜻이라고 했죠. have 빼고 got to 이렇게도 많이 씁니다. have to를 쓸 때보다 격식을 차리지 않은 편한 자리에서 많이 씁니다.

휴 그랜트는 영국사람이죠. 그래서 got to 소리를 낼 때 to 소리가 뭉개지지 않고 투박하게 다 들렸어요. 미국식 영어였다면, gotta로 해서 '가러' 이렇게까지 뭉개서 빠르게 처리했을 거예요. 이 문장에서 가장 중요한 내용어인 go에서 훅! 뱉어주면 됩니다. **go**는 '고'가 아니라 g 소리 제대로 하고 [ou]를 살려서 '고우' 해줍니다.

③ You **need** some **mo**ney.
    d   D   d   D

You **need** some.

need의 ee는 입을 양옆으로 미소 짓듯 벌리면 소리 냅니다. need 끝이 d로 끝나고 뒤에 some 자음으로 시작하죠. d는 t와 쌍이라서 혀끝이 치경에 대고 끝나다 보니 호흡이 살짝 끊어지는 느낌으로 소리 냅니다.

money. m 비음 소리 살려서 양 입술을 앙 다물고 힘을 줘서 '음' 했다가 소리 나갈게요.

이어서 소리 내봅니다.

You **need** some **mo**ney.

④ I'm **sick** of **pa**ying for you.
   d d   **D**   d   **D**   d   d

대표문장 나왔어요. 이 문장을 말할 때는 진절머리 나는 표정을 짓고 하셔야 돼요. '너 진절머리나, 그만!' 이런 느낌으로요. 너 뒷바라지 하는 거 진절머리가 났어.

I'm **sick** of. **sick** 소리를 먼저 s 새는 소리 살려서 훅! 하고 던질게요. **sick** 훅! 하고 올라오는 소리에 of까지 처리합니다. 리듬은 dd D d 먼저 연습하고 영어 대입해줄게요. 소리 낼 때 '아, 진절머리 내!' 하는 감정을 담아 말해보세요.

paying for you. p 소리 살려서 먼저 **pa**ying 연습합니다. **pa**에서 던지고 올라오는 소리에 나머지 전부 처리할게요. 그걸 여유있게 하고 싶다면 **pa**에 힘을 더 훅! 해주세요. 그러면 그만큼 반동으로 올라오는 소리의 길이도 길어져서 -ying for you 처리가 좀 더 여유로워집니다.

이제 연결해볼게요.

I'm **sick** of **pa**ying for you.

자, 이제 소리튜닝 반복 훈련을 시작해볼까요?

① **Don't** be ri**di**culous.

② You've got to **go**.

③ You **need** some **mo**ney.

④ I'm **sick** of **pa**ying for you.

> **TIP**   완전히 외울 때까지 발음하면서 Writing도 반복하세요!

훈련 체크 ☐☐☐☐☐☐☐☐☐☐

Part 4 한-영 훈련

①말도 안 되는 소리하지 마.

②넌 꼭 가야 해.

③너 돈 필요하잖아.

④네 뒷바라지 하는 거 지쳤어.

> **TIP**   소리튜닝 배운 대로 하루 동안 틈나는 대로 무한 반복해서 외우세요! 한글을 보면서 영어문장이 자동적으로 떠오를 때까지.

훈련 체크 ☐☐☐☐☐☐☐☐☐☐

Part 5 표현 저널 쓰기 Expression journal

I'm sick of V ing

〜하는 것에 지치다, 〜하는 것이 지겹다
be tired of = be fed up with

1. I'm sick of it!
   (질렸어!)

2. I'm sick of doing chores.
   (집안일 하는 거 지겨워.)

3. I'm sick of you!
   (너한테 질렸어!)

4.

5.

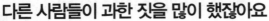

Day 79
대표문장

Everyone else has done bells and whistles
다른 사람들이 과한 짓을 많이 했잖아요

미국의 토크쇼 〈코난 쇼(CONAN)〉에 코난이 톰 크루즈를 영국에서 만나 차에 태우고 이야기를 나누는 에피소드가 방영되었습니다. 톰 크루즈가 다른 쇼의 코너를 떠올리고 코난에게 노래를 부르는지, 아니면 커피를 마시는지 장난스레 묻습니다.

Part 1 오늘의 예습 Today's Preview

🎧 MP3 파일 듣기

① You wanna blow up the internet?

② You want to do it?

③ I would love to do that.

④ This is going to rock your world. Check this out.

⑤ Alright.
   Everyone else has done bells and whistles.

① 인터넷 한 번 죽여볼까요?

② 해보고 싶어요?

③ 너무 해보고 싶어요.

④ 이건 엄청난 경험이 될 거예요. 한 번 들어봐요.

⑤ 좋아요! 다른 모든 사람들이 과한 짓을 많이 했잖아요.

단어와 표현

* **blow something up** ~을 폭파하다, ~을 날려버리다

* **check this out** 이것 좀 봐, 한 번 보자

* **rock someone's world** 누군가에게 영향을 끼치다

* **bells and whistles** 멋으로 붙이는 부가 기능

① You **want** to **blow up** the **in**ternet?
   d   **D'**   d   **D'**   d   d   **D**

② You **want** to **do** it?
   d   **D'**   d **D** d

③ I would **love** to **do** that.
   d   d   **D**   **D** d **D**   d

④ This is going to **rock** your **world**.
   d   d   d   d   **D**   d   **D**

   Check this out.
      D   d   d

⑤ Al**right**.
      D

   Everyone else has **done bells** and **whi**stles.
     D   d   d   **D**   **D**   d   **D**

Main Sentence

Everyone else has **done bells** and **whi**stles.
  D   d   d   **D**   **D**   d   **D**

무슨 뜻인지 모르시겠죠? 일단 bell도 알겠고, whistle도 알겠고, everyone도 알겠고, 다 알겠는데 무슨 뜻인지 알 수가 없죠. bells and whistles. 그러면 어떤 느낌인 것 같으세요? 휘파람 소리, 벨소리니까 시끄럽죠. 모든 시끄러운 짓을 다 했다는 뜻이에요. 그래서 뭔가를 오

버스럽게, 과도하게 했다는 뜻으로 쓰입니다. 지역마다 다를 수 있기 때문에 어디서나 많이 쓰는 표현은 아니지만, 딱 들었을 때 무슨 얘기인지는 아는 게 좋겠죠?

① You **want** to **blow** up the **in**ternet?
      d   **D'**   d   **D'**   d   d   **D**

<u>You want to</u>는 You wanna 라고 줄여서 많이 말하죠. want가 내용어라서 살짝 힘이 들어가는 느낌이 있어요. 편하게 먼저 연습하세요.

<u>blow **up** the **in**ternet.</u>
<u>blow</u>는 '후 불다'라는 뜻을 가지고 있죠. 그런데 up이 들어가서 이어동사가 된 거죠. 그러면 뒤에 힘이 들어가고 올려준다고 했어요. 그리고 연결시키셔야 돼요. 마치 'blow**up**'이라는 단어의 강세가 up에 있는 느낌으로 소리 냅니다. blow up 하면 후 불어서 위로 날려버리는 거니까 '폭발하다, 날려버리다' 이런 뜻이 됩니다. 여기서는 '인터넷에서 한번 난리 쳐볼까?' 이런 뜻이 되는 거예요.
blow의 bl 소리가 한 번에 나오기 위해 입술을 '앙' 다물고 있다가 터트리면서 혀끝은 입천장 시작부분에 닿습니다. ow의 음소단위는 [ou]입니다.
up의 p는 받침이라 입이 '합' 다물어지니까 the 하기 전에 살짝 끊어지는 느낌이 있어요.
internet은 in에 훅! 던집니다.

의미단위 다 이어서 소리 내볼게요.
<u>You **wa**nna blow **up** the **in**ternet?</u>

톰 크루즈가 열정이 넘치잖아요. '인터넷 한 번 난리쳐볼까? 인터넷 끝장 내볼까? 인터넷에서 소란을 피워볼까?' 약간 거들먹거리는 느낌으로 연기해주세요.

② You **want** to **do** it?
d   **D'**   d **D** d

do 소리 잘 나면 너무 멋있는 소리예요. d 음소단위 소리 내는 법을 생각하며 제대로 훅! 터트려주시고 돌아오는 소리에 it 처리합니다.

> **TIP**   음소단위 d 소리 낼 때 힘을 더 넣는 법
>
> 혀끝을 치경 쪽에 댑니다. 혀의 단면이 꽤나 넓게 붙어요. 그래야 힘이 더 들어가죠. 만약 완전 혀끝만 살짝 닿는다면 소리가 크게 안나요. 그런데 단면적이 넓으면 어떨까요? 힘이 더 들어가겠죠. 소리가 더 커집니다.

'원해?' 약간 거들먹거리는 느낌으로 얘기하죠.

③ I would **love** to **do** that.
d   d   **D** d **D**   d

<u>I would **love** to.</u> '하고 싶다'라는 뜻을 가지고 있죠. I would **like** to도 쓸 수 있어요. 줄여서 I'd like to라고도 많이 씁니다. **love**에만 훅! 뱉어주면 되면 되죠. 뱉어주는 소리는 정확한 발음을 내주면 훨씬 더 명료하게 들려요. light l 소리 제대로 살려서 혀끝을 입천장 시작점에 대고 '을' 했다가 소리 낼게요.
<u>**do** that.</u> D d 리듬입니다. **do**에서 훅! 뱉고 돌아오는 소리에 that을 처리합니다.

<u>I'd **love** to **do** that.</u>
내용어인 love 하고 do에 똑같이 힘이 들어가면 어색한 느낌이 들고 입에서 힘들어요. 둘 중에 어디에 힘을 더 줄지는 조절해주시는 거예요.

④ This is going to **rock** your **world**. **Check** this out.
   d d   d   d   d   D   d   D   D   d   d

<u>This is going to.</u> this는 약한 내용어여서 힘이 들어갈 때도 있지만 기능어 처리할 때도 있습니다. 여기서는 굉장히 뭉개져서 소리가 나왔습니다. 여기까지 다 기능어 처리합니다. 편하고 빠르게 나올 때까지 연습합니다.

rock your **world**. D d D 리듬입니다. 먼저 내용어부터 강세, 발성, 발음 생각해서 먼저 연습합니다.
rock. r 음소단위를 생각해서 '우' 했다가 소리 냅니다.
world는 저번 강의에서 소개한 적이 있습니다. dark l 소리 때문에 2음절의 느낌으로 소리 냅니다. 'wor + 얼ㄷ' 이렇게 소리 냅니다.

일단 단어는 다 들리죠? 모르는 단어 없거든요. 그런데 딱히 해석이 안 되죠. 대충의 느낌은 알 거예요. '너희 세계를 송두리째 흔들어버릴 거야.'라는 뜻입니다. 다시 말해서 '너에게 최고의 엄청난 경험을 시켜줄 거야. 너에게 최고의 경험이 될 거야. 너에게 최고의 것을 선사할 거야.'라고까지 의역이 가능한 거죠.

> **TIP** rock your world
>
> 이 표현도 저널 너무 좋죠. 보통은 rock my world로 많이 쓰이는 표현이에요. 마이클 잭슨 노래에 있는 것 아시죠? '네가 최고다!'라는 뜻으로 쓸 수 있습니다. 부모님이 아이들에게 용돈을 주면, 자녀들이 이렇게 말할 수 있겠죠. Dad, you rock my world!

check this out.
check. ch 소리죠. 일단은 무성음이고요. 이가 6개 정도 보인다고 했고요. t 소리를 낼 때처럼 혀는 치경에 위치시킨 다음에 빡 하고 터집니다. **check**에서 훅! 뱉고 돌아오는 소리에 this out까지 처리합니다. '한 번 봐봐. 한 번 보자.' 이런 느낌이죠.

⑤ Al**right**.
  D

E**veryone else has done bells and whi**stles.
  D   d   d   D   D   d   D

Al**right** 할 때 '올 라잇' 하지 않습니다. 이건 al이기 때문에 dark l이어서 입을 다 물지 않은 상태 '얼' 소리 살려줍니다. 강세는 **right**에 있어요. 입에서 '올' 이러지 않습니다.

E**veryone else has done**. E**veryone**. **E**에 힘 들어가죠. '에브리원' 아니고 e에 강세가 있으니까 길게 훅! 뱉어주고, 돌아오는 소리에 '−veryone else has'까지 처리합니다. 편하게 이어질 때까지 계속 연습합니다. **E**에다가 제대로 훅! 뱉어줘야 돌아오는 소리가 길어져서 처리하기가 훨씬 편합니다.

bells and whistles. 과한, 쓸데없는 일들을 뜻합니다. 먼저 내용어 연습할게요. bells와 whistles는 둘 다 dark l로 끝나니 복수형 s 소리는 z 소리가 납니다. 이 의미단위의 리듬은 D d D입니다. 리듬 연습하고 영어를 대입해봅니다.

TIP dark l로 끝나는 명사의 복수형 s

dark l로 끝나는 명사를 복수형으로 만들기 위해 붙인 s 소리는 유성음 z 소리를 냅니다.

자, 이제 소리튜닝 반복 훈련을 시작해볼까요?

🎧 MP3 파일 듣기

① You **want** to **blow up** the **int**ernet?

② You **want** to **do** it?

③ I would **love** to **do** that.

④ This is going to **rock** your **world**. **Check** this out.

⑤ Al**right**.

   Everyone else has **done bells** and **whi**stles.

TIP 완전히 외울 때까지 발음하면서 Writing도 반복하세요!

훈련 체크 ☐☐☐☐☐☐☐☐☐☐

Part 4 한–영 훈련

①인터넷 한 번 죽여볼까요?

②해보고 싶어요?

③너무 해보고 싶어요.

④이건 엄청난 경험이 될 거예요. 한 번 들어봐요.

⑤좋아요! 다른 사람들이 과한 짓을 많이 했잖아요.

훈련 체크 ☐☐☐☐☐☐☐☐☐☐

bells and whistles

부수적인 기능

> 어원은 벨과 휘파람이죠. 요란하게 사람의 관심을 끄는 것이지만 중요하지 않은 과도한 혹은 부수적인 기능이나 행동을 말합니다. 부가적인 기능이란 뭘까요? 말 그대로 주기능은 아니에요. 자잘한, 없어도 될 만한 부가적인 기능입니다. 예를 들어서 새 버전의 핸드폰을 샀어요. 그런데 쓸데없는 기능만 추가되고 가격만 엄청 오른 거죠. 그런 얘기할 때 쓰는 거예요.
> 굳이 없어도 될 만한 부가적인 기능이라고 쓸 때 bells and whistles 라는 말을 씁니다.

1. Do you have any cell phones
   with fewer bells and whistles?
   I really don't need anything fancy.
   (부수적인 기능이 별로 없는 핸드폰 있나요?
   저는 정말 비싼 거 필요 없어요.)

2. It's really that simple. No bells and whistles.
   (그거 정말 단순해. 부수적인 것들이 없어.)

3. My car has all the latest bells and whistles.
   (내 차는 온갖 최신 부가기능은 다 갖고 있어.)

4.

5.

Day 80
대표문장

Do they run in your family?
유전인가요?

미국의 유명 속옷 브랜드인 '빅토리아 시크릿(Victoria's Secret)'의 2012년 패션쇼에서 가수 브루노 마스가 공연했습니다. 영상은 패션쇼 무대 뒤에서 모델 미란다 커가 브루노 마스를 인터뷰 하는 내용입니다. 브루노 마스가 미란다 커에게 보조개에 대해서 묻네요.

Part 1 | 오늘의 예습 Today's Preview

🎧 MP3 파일 듣기

① Do they run in your family, the dimples?
② I think I'm the only one.
③ Are you?
④ I got four sisters and an older brother,
　 but I'm the only one.

① 보조개가 유전인가요?
② 저만 그런 것 같아요.
③ 그래요?
④ 저는 4명의 여자 형제와 오빠 하나가 있어요.
　 그런데 저만 유일해요.

단어와 표현

＊dimple ['dɪmpl 딤쁠]
　동사: 보조개를 짓다　명사: ① 보조개　② 표면에 옴폭 들어간 곳
＊run in the family　집안 내력이다

① Do they **run** in your **fa**mily, the **dim**ples?
　 d 　 d 　 **D** 　 d 　d 　　 **D** 　　 d 　　 **D**

② I **think** I'm the **on**ly **one**.
　 d **D** 　 d d 　 d 　 **D** 　 **D'**

③ Are you?
　　 d 　 d

④ I **got four sisters** and an **older bro**ther,
　 d **D'** 　 **D** 　　 **D'** 　　 d 　 d 　 **D'** 　　 **D**

　 but I'm the **on**ly **one**.
　 d 　d d 　 d 　 **D** 　 **D'**

Main Sentence

Do they **run** in your **fa**mily, the **dim**ples?
　 d 　 d 　 **D** 　 d 　 d 　　 **D** 　　 d 　　 **D**

---

run in your family는 '유전이야, 집안 내력이야.'라고 쓸 수 있는 표현
입니다. 꼭 기억해두세요. dimple은 '보조개'라는 뜻을 가지고 있죠.

① Do they **run** in your **fa**mily, the **dim**ples?
　 d 　 d 　 **D** 　 d 　 d 　　 **D** 　　 d 　　 **D**

<u>Do they **run**.</u>
run 먼저 연습하고 문장 갈게요. run은 r 음소단위 입모양을 장착하시
고 '우' 했다가 나가면 좀 더 명확한 소리가 나옵니다. '(우)런' 이런 느낌이

죠. '우'가 나에게만 들리는 느낌으로 하셔야 돼요. 전체 리듬은 d d D이죠.
<u>Do they.</u> 기능어가 조금 더 입에서 빠르고 편하게 나오게 연습합니다. 그리고 **run**
에서 훅! 뱉어주세요.

<u>in your **fa**mily.</u>
이 의미단위에서 내용어 **fa**mily부터 강세, 발성, 발음 생각하면서 먼저 연습합니다.
family. 윗니가 아랫입술을 물었다가 터지면서 fa에 훅! 뱉어주세요.
<u>in your.</u> 기능어가 입에서 편하고 빠르게 나오게 연습합니다.
전체 리듬은 d d D입니다. 리듬 연습 후 익숙해졌다면 영어를 대입합니다.

<u>the **dim**ples?</u> 내용어 연습부터 합니다. **dim**에 훅! 뱉고 돌아오는 소리에 강세가
들어가지 않는 p는 된소리가 나서 '쁠' 이렇게 처리합니다. 끝 단어가 dark l로 끝
나서 복수형 −s는 z 소리가 납니다. 전체 리듬 d D 연습하고 영어 대입할게요.

모든 의미단위 다 이어서 소리 내볼게요.
<u>Do they **run** in your **fa**mily, the **dim**ples?</u>

② <u>I **think** I'm the **on**ly **one**.</u>
   d   **D**   d d d   **D**   **D'**

<u>I **think**.</u> d D 리듬입니다. think를 위해 혀가 이 사이에 나왔다가 들어가면서 소
리 낼게요.

<u>I am the **on**ly one.</u> 이 의미단위에서 내용어는 only와 one입니다. 이 둘 중에
어디다 뱉을지는 본인이 결정하면 되는데요. 영상에서는 **on**ly에 훅! 뱉어줬어요.
<u>I am the</u>까지는 거의 안 들렸어요. 기능어여서 굉장히 뭉개면서 소리 났어요. the
다음에 only 하고 모음이 왔으니까 the '더'라고 발음하지 않고 '디'라고 발음하죠.
그런데 거의 안 들렸어요. 브루노처럼 기능어 뭉개는 연습 많이 해주세요.
only의 발음기호는 [óunli]입니다. 강세는 **on**에 있죠. 그리고 o 소리가 '오우' 소
리죠. '온니' 아니고, '오운리' 정도로 소리 만들어주세요. **on**에서 훅! 뱉어주고 돌아오
는 소리에 <u>one</u>까지 처리합니다.

③ Are you?
  d   **d**

다 기능어지만 의문문이니까 you에서 올라갑니다.

④ I **got four sisters** and an **older bro**ther,
  d D'   D   D'   d   d   D'   D

  but I'm the **on**ly **one**.
  d d d   D   D'

<u>I got **four** sisters.</u> got, four, sister 다 내용어입니다. 하지만 다 훅 뱉어주면 끊어지죠. 어디다 뱉을지는 화자가 정합니다.
영상에서는 **four**에 훅! 뱉었어요. 4명이라는 말을 강조하고 싶었던 거죠. 여기는 **four**에 힘을 줬지만 어쨌든 <u>sister</u>도 내용어이기 때문에 뭉개지면 안 돼요. 여전히 내용어이기 때문에 제대로 소리를 들려주셔야 합니다. <u>got</u> 다음에 **four**로 시작하죠. t 다음에 자음 f가 와서 got 다음에 살짝 호흡이 끊어지는 느낌입니다.

<u>and an older **bro**ther.</u>
<u>and an</u>은 바로 이어서 편하게 'andan' 기능어 처리합니다. 이 의미단위에서 내용어는 older와 brother입니다. 어디다 훅! 뱉을지 결정합니다. 영상에서는 **bro**ther의 강세 **bro**에 훅! 뱉었어요. 그래도 <u>older</u> 역시 내용어이니 정확한 강세와 발음을 들려주세요. older 소리를 낼 때 살짝 힘들게 하는 부분이 ol 할 때 dark l입니다. ol까지 'all' 하는 소리랑 같아요. 거기서 d를 위해 혀끝이 입천장을 닿으면 old가 되고 끝에 힘없이 er만 이어주면 older 소리가 편하게 나옵니다.

<u>but I'm the **on**ly **one**.</u> but I'm the까지 기능어 처리합니다. 입에서 편하게 이어져서 빠르게 소리 내세요. 좀 편해졌다 싶으면 **on**ly의 강세 **on**에 훅! 뱉고 들어오는 소리에 one 처리합니다.

자, 이제 소리튜닝 반복 훈련을 시작해볼까요?

 MP3 파일 듣기

① Do they **run** in your **fa**mily, the **dim**ples?

② I **think** I'm the **on**ly **one**.

③ Are you?

④ I **got four sisters** and an **older bro**ther,
but I'm the **on**ly **one**.

> **TIP** 완전히 외울 때까지 발음하면서 Writing도 반복하세요!

훈련 체크 ☐☐☐☐☐☐☐☐☐☐

Part 4 한-영 훈련

①보조개가 유전인가요?

②저만 그런 것 같아요.

③그래요?

④저는 4명의 여자 형제와 오빠 하나가 있어요.
그런데 저만 유일해요.

> **TIP** 소리튜닝 배운 대로 하루 동안 틈나는 대로 무한 반복해서 외우세요! 한글을 보면서 영어문장이 자동적으로 떠오를 때까지.

훈련 체크 ☐☐☐☐☐☐☐☐☐☐

run in the family

집안 내력이야

> 직역하면 가족으로 흐르는 거니까 가족에게 내려 온 거죠. 어떤 능력, 특징, 성격, 병 등이 '집안 내력'이다. '유전이야' 할 때 쓸 수 있습니다.

1. We're all ambitious- it seems to run in the family.
   (우리는 모두 야심이 대단해– 집안 내력인 것 같아.)

2. I am suffering a short term memory loss.
   It runs in my family.
   (나는 단기 기억 상실증을 겪고 있어. 집안 내력이야.)

3. Twins run in the family.
   (쌍둥이는 유전이야.)

4. Diabetes runs in my family.
   Does that mean I'll get it?
   (당뇨병은 우리집 유전병이야. 이 말은 나도 걸린다는 말인가?)

5.

Day 81
대표문장

I can't eat another bite
나 더는 한입도 못 먹겠어요

2018년 3월 6일, 영국 BBC의 토크쇼 〈그레이엄 노튼 쇼(The Graham Norton Show)〉에 미국 영화배우 크리스 프랫이 출연했습니다. 무명시절, 장사가 안 되는 가게에서 웨이터로 일했던 이유가 밥을 먹을 수 있어서였다고 하는데요, 손님에게 도저히 다 먹을 수 없는 양의 메뉴를 추천하는 방법이었다고 합니다.

Part 1 오늘의 예습 Today's Preview

 MP3 파일 듣기

① I'm hiding in the corner watching like,

② "How much is she eating",

③ "how much do I get", you know...

④ And I go back and she was like,

⑤ "I can't eat another bite."

⑥ I was like, "Yes!"

① 제가 구석에 숨어서 보고 있는 거예요.

② "그녀가 얼마나 먹을까",

③ "내가 얼마나 얻을 수 있을까",

④ 그리곤 제가 다시 가죠. 그러면 이래요,

⑤ "나 더는 한입도 못 먹겠어요."

⑥ 그럼 전… "앗싸!" 하죠.

단어와 표현

* **hide** [haid **하**이드] 타동사: 숨기다, 보이지 않게 하다   자동사: 숨다, 잠복하다
* **corner** [ˈkɔːrn- **코**ㄹ널] ① 모서리, 모퉁이 ② 구석 ③ 외진 곳
* **bite** [bait **바**이트] 동사: 물다 명사: ① 물기 ② 한입

① I'm **hi**ding in the **cor**ner **wat**ching like,
d d   **D**   d d   **D**   **D**   d

② "How **much** is she **ea**ting",
d   **D**   d   d   **D**

③ "how **much** do I **get**", you know...
d   **D**   d d **D**   d   d

④ And I **go back** and she was like,
d   d **D'**   d   d   d   d   d

⑤ "I **can't eat another bite**."
d   **D**   **D'**   **D'**   **D**

⑥ I was like, "**Yes**!"
d   d   d   **D**

Main Sentence

I **can't eat another** bite.
d **D**   **D'**   **D'**   **D**

bite는 동사로 '깨물다, 물다.'라는 뜻을 가지고 있죠. 하지만 이 문장의 동사는 eat입니다. bite는 여기에서 명사로 쓰였죠. 이때의 bite의 뜻은 '한 입에 깨물 수 있는 양, 한입' 이 정도로 해석이 가능한 거예요.

TIP   bite의 3단 변화

bite는 과거, 과거완료형의 3단 변화가 살짝 헷갈리니까 반드시 기억해두시는 것이 좋습니다. bite – bit – bitten.

① I'm **hi**ding in the **cor**ner **wat**ching like,
  d d   D   D   d   d   D   D   d

I'm hiding. 이 의미단위에서 내용어는 **hi**ding밖에 없죠. h 음소단위 생각하면 훅! 하고 뱉어주세요. dd D 리듬 연습하고, 영어를 넣어볼게요.
in the **cor**ner. hiding의 **hi**에서 훅! 던지고 돌아오는 소리에 ─ding in the까지 다 처리합니다. 그리고 다시 **cor**ner의 강세 **cor**에서 훅! 뱉어줄게요. 이것도 d d D 리듬이죠.
watching like. 여기서 내용어는 **wat**ching입니다. 강세 **wat**에서 훅! 던지고 돌아오는 소리에 ─ching like까지 편하게 처리합니다. 요요를 던지고 반동으로 올라오는 힘에 처리하는 느낌이에요. 말하면서도 리듬이 느껴집니다. **cor**ner에도 훅! 던지고 바로 **wat**ching에도 훅! 뱉는 게 부담스럽다면 사이에 살짝 쉬었다가 **wat**ching을 처리해줘도 괜찮습니다.

자~ 이제 다 이어볼까요?
I'm **hi**ding in the **cor**ner **wat**ching like,

과거의 얘기를 하고 있는데, 왜 I'm hiding을 쓰나요? 왜 현재형을 쓰죠? 과거시제 써야 하는 것 아닌가요? 네, 물론 과거시제로 써도 되죠. 하지만 한국말로 해보면, "내가 일단 엄청난 크기의 스테이크를 주문하게 시킨 다음에 코너에서 숨어 있는 거야." 이렇게 해도 자연스럽죠. 영어도 마찬가지죠. 현재시제를 써도 되는 거예요.

② "How **much** is she **ea**ting",
   d   D   d   d   D

이 문장에서 내용어는 much와 eating입니다. 둘 다 훅! 뱉어줄게요. 한 문장 내에 있는 내용어에 똑같은 힘으로 훅! 뱉으면 자연스럽지 않죠. 조금 더 중요한 거에 더 훅! 던져서 내용어 소리 조절할게요.
How **much**. d D 리듬입니다. 리듬을 계속 연습해보다가 영어를 대입해봅니다.
is she **ea**ting. 이 의미단위에서 내용어는 **ea**ting이죠. **ea** 음소단위는 발음 기

122

호가 [i:t]입니다. 입술을 양옆으로 미소 짓듯 쫙 찢어주면서 훅! 하고 길게 뱉어주세요. ting은 강세가 없으므로 '링' 이렇게 소리 내면 편합니다.

이어서 연습해볼게요.
How **much** is she **ea**ting.

③ "how **much** do I **get**", you know...
　　　d　　**D**　　d d **D**　　d　　　d

how **much** do I **get**. 다시 말해서 저 사람이 얼마나 먹을 수 있고, 남기면 내가 먹을 수 있는 양은 얼마인지를 숨어서 보고 있었다는 얘기죠.
전체 리듬은 d D d d D입니다. 여기도 much보다 **get**에 더 훅! 뱉어줬어요. 이렇게 내용어들 사이에 세기를 달리해야 사람 말처럼 자연스러워져요.
you know. d d 리듬입니다. 추임새이므로 힘이 들어가지 않은 상태에서 편하게 흘리듯 소리 냅니다. 앞에 get에 훅! 뱉어주고 들어오는 소리에 you know 처리하면 돼요.

전체 의미단위 이어볼게요.
"how **much** do I **get**", you know...

④ And I **go back** and she was like,
　　d　d **D'**　d　　d　　d　　d　　d

And I go **back**. go back 역시 이어동사죠. 마치 'go back'이라는 한 단어에 강세가 **back**이라는 느낌으로 소리 냅니다. **back**에 힘이 들어갔어도 go는 중요한 내용어이므로 정확한 소리를 내줍니다.
and she was like. 전혀 힘 들어가지 않습니다. 다 기능어죠. 이럴 때 스피드를 키울 수 있습니다. 이 기능어들을 내용어 처리하면 전체 말하는 속도가 느려지는 거예요. 영어를 말하는 데 있어서 빠르게 말하기는 기능어 처리에 달려 있습니다.

she said 대신에 she was like 이렇게 표현함으로써 따옴표의 느낌을 좀 더 살릴 수 있습니다.

⑤ "I can't eat another bite."
d   D   D'   D'   D

<u>I **can't** eat.</u> can't와 eat 둘 다 내용어지만 보통 부정어가 이깁니다. **can't**에 훅!
뱉고 돌아오는 소리에 정확한 강세와 발음으로 eat 처리할게요.
<u>another **bite**.</u> 둘 다 내용어인데 여기서 더 중요한 말은 '한입'이라는 뜻의 bite
입니다. 그래서 **bite**에서 훅! 뱉어줄게요. 하지만 어쨌든 another도 내용어이므로
강세, 발음 생각해서 정확하게 소리 냅니다.

의미단위 이어서 소리 내볼게요.
<u>I **can't** eat another **bite**.</u>

⑥ I was like, "Yes!"
d d   d   D

<u>I was like.</u> 역시 뒤에 나오는 말의 생동감을 살리는 따옴표 얘기를 할 때도 씁니
다. 다 기능어이므로 d d d 입에서 편하게 뭉개면서 빠르게 소리 냅니다.
Yes. 앞에 충분히 뭉갰으니 Yes 할 때는 소리를 명료하게 y 음소단위 제대로 해주
면서 소리 낼게요. 입술 끝을 아랫니 뒤에 붙여주고 혀끝에 힘을 주며 '이' 했다가 소
리 냅니다.

자, 이제 소리튜닝 반복 훈련을 시작해볼까요?

와!

이제 20일 남았습니다!

이제 100일이 20일밖에 남지 않았네요. 완강이 얼마 남지 않았습니다.

여러분 여태까지 온라인 수업 들으면서 완강 해본 적 있으세요?

100강 다 끝나면 굉장히 뿌듯할 것 같지 않으세요?

이제 얼마 남지 않았네요. 조금만 더 힘냅시다.

🎧 MP3 파일 듣기

① I'm **hi**ding in the **cor**ner **wat**ching like,

② "How **much** is she **ea**ting",

③ "how **much** do I **get**", you know...

④ And I **go back** and she was like,

⑤ "I **can't eat another bite**."

⑥ I was like, "**Yes!**"

> **TIP** 완전히 외울 때까지 발음하면서 Writing도 반복하세요!

훈련 체크 ☐☐☐☐☐☐☐☐☐☐

Part 4 한—영 훈련

①제가 구석에 숨어서 보고 있는 거예요.

②"그녀가 얼마나 먹을까",

③"내가 얼마나 얻을 수 있을까",

④그리곤 제가 다시 가죠. 그러면 이래요,

⑤"나 더는 한입도 못 먹겠어요."

⑥그럼 전… "앗싸!" 하죠.

훈련 체크 ☐☐☐☐☐☐☐☐☐☐

bite – bit – bitten

깨물다, 한 입, 물린 곳

기본 뜻은 '깨물다'입니다. 그래서 명사형 뜻으로는 음식을 깨물 수 있는 '한 입'
이라는 뜻도 가집니다. "아, 배불러." I'm full. 이렇게만 하지 마시고, 옆에서
"더 먹어."라고 했을 때 "한입도 더 못 먹겠어." I can't eat another bite.
이렇게 말할 수도 있겠죠.
혹은 '벌레에게 물린 곳' 이란 표현도 가능합니다. bitten 이렇게 해서 be +
p.p로 쓰면 '물렸다'라고 쓸 수도 있습니다. 이렇게 말할 수 있다면 좋겠죠.

1. He bites his fingernails.
   (걔는 자기 손톱을 깨물어.)

2. A mosquito bit me on my eyelid.
   (모기가 내 눈두덩이를 물었어.)

3. I took a bite out of the apple.
   (나는 사과 한 입 먹었어.)

4.

5.

Day 82
대표문장

Can we get real for a minute?
우리 잠시 진솔해져볼까요?

2015년 9월 10일, 〈스티븐 콜베어 쇼(The Late Show with Stephen Colbert)〉에 미국의 영화배우 스칼렛 요한슨이 출연해 코너에 들어가기 앞서 이야기를 나누는 장면입니다. 속 깊은 이야기를 나누는 코너라고 하네요.

Part 1 | 오늘의 예습 Today's Preview

MP3 파일 듣기

① I get the impression
   that you're a deep person.
② I like to give the impression
   that I'm a deep person.
③ Can we get real for a minute?
④ Let's go deep.

① 저는 당신이 속이 깊은 사람이라는 인상을 받아요.
② 저는 제가 속이 깊은 사람이라는 인상을 주는 것을 좋아해요.
③ 우리 잠시 진솔해져볼까요?
④ 깊이 가보죠.

단어와 표현

* **impression** [impréʃən 임프**뤠**션] 인상, 감명, 감상
* **deep** [di:p **디**~ㅍ] 형용사: 깊은, 짙은, 깊은 데 있는 부사: 깊게
* **real** [rí:əl **뤼**얼] ① 진실의, 진짜의 ② 현실의, 실제의, 실재하는; 객관적인
* **for a minute** 잠시 동안

128

① I **get** the im**pre**ssion
  d **D'** d   D

   that you're a **deep per**son.
    d   d   d d D   **D'**

② I **like** to **give** the im**pre**ssion
  d **D** d **D'** d   D

   that I'm a **deep per**son.
    d d d   D   **D'**

③ Can we **get real** for a **mi**nute?
  d   d **D' D** d d   D

④ Let's **go deep**.
  d d **D'**   D

Main Sentence

Can we **get real** for a **mi**nute?
d   d **D' D** d d   D

첫 번째, '현실을 직시해, 정신 차려.' 이럴 때도 많이 쓰입니다. 예를 들어서 친구 중에서 판타지에 빠져 있는 사람들 있잖아요. 이상형의 왕자님, 공주님을 꿈꾸는 사람들. 그렇다면 그 친구에게 이렇게 얘기할 수 있죠. Hey, get **real**, man.

그런데 여기에서는 '정신 차려, 현실을 직시해.'라는 뜻으로 쓰이지 않았어요. 두 번째로는 '진짜의'라는 뜻으로 직역이 되서 '진솔해지다, 진중해지다' 정도로 쓰일 수도 있습니다. 예를 들어 진중한 상황에서 상황 파악 못 하는 사람한테 얘기할 수 있죠. Hey, it's not a game. get real. 이 대화에서는 그런 의미가 조금 더 잘 어울리는 것 같습니다.

① I **get** the im**pre**ssion that you're a **deep per**son.
d D' d   D   d   d   d   D   D'

<u>I get the im**pre**ssion.</u> 여기까지가 의미단위예요. 내용어부터 연습해볼게요. im**pre**ssion의 강세는 **pre**에 있습니다. 발성을 먼저 연습하기 위해 훅! 뱉고, 바로 같은 느낌으로 **pre** 하고 뱉어봅니다. 그런 다음 d D d 리듬을 연습하고 단어를 한 호흡에 나오게 연습합니다.

이 의미단위에서 내용어는 get과 im**pre**ssion입니다. 더 강조하고 싶은 단어에 따라 내용어들 사이 세기를 조절합니다. 이 영상에서는 im**pre**ssion에 훨씬 더 훅! 하고 던져줬어요.

<u>I get the.</u> 뒤에 단어의 시작이 모음 i로 시작하므로 '더'라는 말보다 '디' 소리를 냅니다.

<u>that you're a **deep** person.</u> 이 의미단위에서 내용어는 deep과 person입니다. 나머지는 다 기능어죠.

<u>that you're a</u>까지 한 단어처럼 나오게 편하고 빠르게 연습합니다. 기능어가 이제 입에서 편하게 나온다 싶으면 내용어를 연습합니다. 내용어 단어의 정확한 강세, 발성, 발음 생각해서 연습합니다.

deep은 ee 소리, 장모음입니다. 이걸 만약 단모음 처리하면 어떤 소리가 나올까요? dip입니다. '담그다'라는 뜻을 가지고 있죠. 정확한 소리를 위해서 음소단위로 'd + ee + p' 나눠주면 좋습니다.

deep person. p가 겹쳐서 한번만 소리 내고 이어줍니다. 영상에서는 deep에 더 훅! 뱉고 돌아오는 소리에 정확한 강세와 발음으로 person 처리했어요.

발음기호 상으로는 장모음 i라고 해서 [iː] 이렇게 표시가 되어 있어요. 일단은 길게 말해야 됩니다. 대표적인 표시가 ee지만, ea가 될 수도 있고요, y가 될 수도 있습니다. 입모양은 입이 스마일 하듯이 찢어지셔야 돼요. 턱이 살짝 떨어집니다. 일부로 길게 소리를 늘이려고 애쓸 필요 없이 입을 옆으로 스마일 하듯 찢으면 소리가 알아서 길어집니다. 절대 헷갈리시면 안 되는 게 단모음 i예요. 단모음 i는 발음기호 상에 장모음 표시가 없어요. 그냥 i만 표시되어 있거든요. 이건 입을 옆으로 벌리지 않고 짧게 처리하는 거예요. 어떻게 보면 턱은 [iː]보다 더 떨어뜨립니다.

전체 의미단위 연결해볼게요.

I get the im**pre**ssion that you are a **deep** person.

② I **like** to **give** the im**pre**ssion
   d D d D' d   D

   that I'm a **deep per**son.
   d d d d D   D'

I **like** to. d D d 리듬입니다. like가 훅! 뱉어주는 소리이니 like의 light l 소리를 제대로 해주면 더 명료하게 들립니다.

give the im**pre**ssion. 이 의미단위에서 내용어는 give와 impression입니다. give보다 im**pre**ssion에 훨씬 세게 훅! 뱉었어요. 이 세 단어가 편하게 이어서 나올 때까지 연습합니다.

that I'm a **deep** person. 기능어 연습해줍니다. that I'm a가 한 단어처럼 편하게 나올 때까지 연습합니다. 입에서 전혀 긴장이 느껴지지 않을 정도까지 연습했다면 이어서 **deep**에서 훅! 뱉고 올라오는 소리에 person 강세, 발음 생각해서 제대로 처리합니다.

자! 이제 전체 의미단위 이어볼게요.

I **like** to give the im**pre**ssion that I'm a **deep** person.

③ Can we **get real** for a **mi**nute?
   d   d D' D   d d   D

<u>Can we get real</u>. 이 문장에서 가장 중요한 단어는 **real**입니다. 일단 이 단어 연습부터 할게요. **real**을 음소단위로 끊어보면 'r + ea + dark l' 이렇게 됩니다. 먼저 입모양, 혀 그리고 이로 r 소리 장착해줍니다. ea는 [i:]죠. 스마일 '이' 소리를 위해 바로 입모양 r을 위해 '우' 했다가 입을 옆으로 쭉 찢어줍니다. 그리고 바로 '얼' 소리 넣어줍니다. 그러면 '뤼얼' 이런 느낌의 소리가 나옵니다.

<u>for a **mi**nute.</u> 이것도 의미단위로 하나 통으로 기억해두세요. '잠깐 동안'이라는 뜻을 가지고 있죠. d d D 리듬입니다. 한 단어처럼 나오게 연습합니다.

전체 의미단위 연습해볼게요.
<u>Can we get **real** for a **mi**nute?</u>

④ Let's **go deep**.
   d d D'   D

'그래, 속 깊게 가보자.' 이 문장에서 내용어는 go와 deep이지만 제일 중요한 정보인 **deep**에서 훅! 하고 뱉었어요.

자, 이제 소리튜닝 반복 훈련을 시작해볼까요?

한국어 할 때보다
더 생동감 있게 말하기!

"선생님, 저는 한국어로도 절대 이렇게 말 안 해요.
생동감 있게 하지 않아요."

물론 미국인들 중에서도 무미건조하게 말하는 사람들도 있겠지만, 생동
감 있게 말하는 사람들이 훨씬 많습니다. 왜냐하면 그들의 언어 자체가
한국어에 비하면 감정이 풍부한 언어이기 때문이에요.

그래서 영어로 말할 때도 생동감 있게 얘기하는 게 훨씬 좋아요.

🎧 MP3 파일 듣기

① I **get** the im**pre**ssion that you're a **deep per**son.
② I **like** to **give** the im**pre**ssion
   that I'm a **deep per**son.
③ Can we **get real** for a **mi**nute?
④ Let's **go deep**.

> TIP   완전히 외울 때까지 발음하면서 Writing도 반복하세요!

훈련 체크   ☐☐☐☐☐☐☐☐☐☐

Part 4 한–영 훈련

① 저는 당신이 속이 깊은 사람이라는 인상을 받아요.
② 저는 제가 속이 깊은 사람이라는 인상을 주는 것을 좋아해요.
③ 우리 잠시 진솔해져볼까요?
④ 깊이 가보죠.

> TIP   소리튜닝 배운 대로 하루 동안 틈나는 대로 무한 반복해서 외우세요! 한글을 보면서 영어문장이 자동적으로 떠오를 때까지.

훈련 체크   ☐☐☐☐☐☐☐☐☐☐

get real

현실적으로 되다

> real은 '진짜의'라는 뜻입니다. get real 자체로 '정신차례! 현실을 직시해!!' 등
> 의 표현으로 많이 쓰입니다.

1. Get real! He's never going to give you the money!
   (정신차려! 걔는 절대로 너한테 돈 안 줘!)

2. A: I think we can still finish this.
   (우린 여전히 이거 끝낼 수 있을 것 같아.)

   B: Get real, man!
   (현실을 직시해!)

3. He's not real, you know.
   He's just a character in a book.
   (그는 진짜가 아니잖아. 그냥 책에 나오는 캐릭터잖아.)

4.

5.

Day 83
대표문장

Can't wait to see the movie
영화 정말 보고 싶어요

2015년 6월 12일, 미국 NBC의 〈엘렌 쇼(The Ellen DeGeneres Show)〉에 미국의 영화배우 크리스 프랫이 출연했습니다. 영화 〈쥬라기 월드(Jurassic World)〉의 개봉을 앞두고 아역 배우 노아와 공룡에 관한 퀴즈 대결을 펼칩니다.

Part 1   오늘의 예습 Today's Preview

🎧 MP3 파일 듣기

① Do you still like dinosaurs?
② Good, okay.
　 'Cause it's a game about dinosaurs.
③ And you're a big fan of 'Jurassic Park', right?
④ Okay, great. Alright.
⑤ Can't wait to see the movie.

① 너 여전히 공룡 좋아하니?
② 좋아, 그래. 왜냐하면 공룡에 관한 게임이거든.
③ 그리고 네가 〈쥬라기 공원〉 팬이라며. 그렇지?
④ 그래, 잘됐네. 좋아.
⑤ 영화 정말 보고 싶어요.

단어와 표현

* **dinosaur** [dáinəsɔ̀ːr 다이너설]　공룡
* **be a big fan of**　~의 큰 팬이다
* **Jurassic** [dʒʊˈræsɪk 쥬래식]　쥬라기의

Part 2 오늘의 소리튜닝 Today's Vocal Tuning

소리튜닝 Day83

① Do you **still like** di nosaurs?
   d   d   D   D'   D

② **Good**, o**kay**.
   D   D

   'Cause it's a **game** about **di**nosaurs.
   d   d d d   D   d   D

③ And you're a **big fan** of
   d   d   d d D' D d

   'Ju**ra**ssic **Park**', **right**?
     D   D'   D

④ O**kay**, **great**. Al**right**.
    D   D   D

⑤ **Can't wait** to **see** the **mo**vie.
   D   D' d D   d   D

Main Sentence

Can't wait to **see** the **mo**vie.
  D   D' d D   d   D

일단 직역하면 '기다릴 수 없어.'라는 뜻이죠. 자칫 '나는 인내심이 없어서 기다릴 수 없어.'라고 생각할 수 있어요. 하지만 사실 '너무 보고 싶어서 기다릴 수가 없어.'라는 뜻을 가지고 있는 거예요. 그래서 '무언가를 너무 하고 싶다. 무언가가 너무 기대된다.'라는 말을 할 때 쓰실 수 있어요.

① Do you **still like di**nosaurs?
   d   **d**   **D**   **D'**   **D**

<u>Do you</u>까지 빠르고 편하게 처리합니다. 다만 의문문이라 you가 음이 올라갑니다.

still like **di**nosaurs. 전부 내용어죠. 어디에 힘을 줘도 괜찮습니다. 화자가 선택합니다. 영상에서는 still에 조금 던져서 '여전히'라는 의미를 살렸어요.
still은 s 다음에 t가 바로 나와서 'ㅅ**띠**얼' 이렇게 된소리 느낌 살려줄 수 있어요. 그리고 끝이 dark l이라서 '얼' 소리가 들어갑니다.
<u>like</u> 하면 여기서는 '좋아하다'라는 뜻을 가지고 있는 내용어예요. 힘이 들어갈 수 있죠. 그런데 **still**에 훅! 던지고 돌아오는 소리에 처리합니다.
그리고 다시 **di**nosaurs의 di에 힘을 제일 많이 줘서 훅! 뱉어줄게요. 이 문장에서 가장 핵심 정보니까요. **di**nosaur의 발음기호를 보면 [dáinəsɔ̀ːr]입니다. 강세가 **di**에 들어가서 **di**에 힘 주고, 빼는 힘에 뒤에 것 다 처리하시는 거예요. 주의해야 할 부분은 -saur에서 au가 두 단어로 소리 나는 게 아니라 [ɔ̀ː] 이렇게 하나의 소리로 난다는 거예요.

② **Good**, o**kay**. 'Cause it's a **game** about **di**nosaurs.
   D   **D**   **d**   **d d d** **D**   **d**   **D**

<u>**Good**, o**kay**</u>.
Good은 '구웃' 아니라고 했어요. 여기서 oo는 말발굽 소리입니다. 짧게 '으' 하는 느낌으로 소리 냅니다. 그래서 한국어로 써도 '굿'보다는 '긋'이 조금 원래 소리에 가깝습니다.
o**kay**. 강세는 **kay**에 있어요. 훅! 뱉어주세요.

<u>'Cause it's a **game**</u>. 이 의미단위에서 내용어는 **game**밖에 없어요. g 음소단위를 신경 써서 **game**에서 훅! 뱉어줍니다. 이제 앞의 기능어들을 한 단어처럼 편하고 빠르게 나오게 연습할게요. 의미단위 전체 리듬은 d dd d D입니다. 리듬을 충분히 연습하고 영어를 대입해봅니다.

about **di**nosaurs. d D리듬입니다. **di**nosaurs를 정확한 강세, 발음, 발성으로 연습하고 리듬 들어갈게요. **di**에서 훅! 뱉어주고 돌아오는 소리에 –nosaurs 처리합니다.

> **TIP** **한 의미단위에서는 한 호흡으로!**
>
> "'cause it's 다음에 game에 힘 줘야 돼. 여기에서 나가야 돼." 이런 생각에 cause it's a / game 이렇게 하시는 분들이 있거든요. 그러나 항상 소리는 이어져서 나와야 됩니다. 한 의미단위에서는 호흡이 가능한 끊어지면 안 돼요.

③ And you're a **big fan** of 'Ju**ra**ssic **Park**', **right**?
d　　d　　d dD'　D d　　　D　　　D'　　D

And you are a big **fan**. 이 의미단위에서 내용어는 big, fan입니다. 일단 and you are a까지 한 단어처럼 편하게 나오게 기능어 처리해줍니다. 내용어 big과 fan이 같이 있어서 둘 다 뱉어주면 소리가 끊어지죠. 어디에 뱉을지 결정합니다. 어디든 힘이 들어갈 수 있지만 보통 형용사 + 명사 구조는 명사에 더 힘이 들어가곤합니다. 영상에서도 **fan**에서 엘렌이 훅! 뱉었어요.

of 'Ju**ra**ssic Park'. Ju**ra**ssic 단어를 '쥬라기'라고 소리 내면 못 알아들어요. 발음기호를 보면 [dʒʊˈræsɪk]입니다. 한국어랑 완전히 다르죠. Ju 소리를 낼 때, u에 말발굽 표시가 있네요. 살짝 '으' 하는 느낌을 넣어주면 됩니다. 강세는 **ra**에 있고 이때 a는 apple의 아주 큰 '애' 소리죠. 굳이 한국어로 표현하자면 '쥬**래**식' 정도로 소리 납니다.

쟈! 이제 의미단위를 이어서 소리 내볼게요. fan과 of를 이을 때 fan에 훅! 뱉고 올라오는 소리에 of 처리를 해서 의미단위들을 자연스럽게 이어줍니다.
And you're a big **fan** of Ju**ra**ssic Park. **right**?

④ O**kay**, **great**. Al**right**.
　　D　　　D　　　　D

O**kay**. O**kay**를 '오케이' 이렇게 말하면 한국어 느낌이에요. 강세를 **kay**에 훅! 뱉어주세요. 여기서 o는 [òu] 소리입니다. 그래서 '오케이'가 아니라 '오우케이' 하는 느낌으로 소리 냅니다.

great. g와 r 자음이 뭉쳐서 나왔어요. '그! 레! 이! 트!' 이렇게 하나하나 단어를 소리 내지 않고 한 번에 소리가 훅! 나오게 처리합니다. 그래서 '**ㄱ뤠**이트' 이런 느낌으로 소리 내세요.

Al**right**. '올라잇' 하시면 안 돼요. 입이 계속 벌어진 상태에서 말한다는 느낌이죠. 강세가 right에 있죠. 그리고 앞에 al은 'all' 같이 소리를 내지만 강세가 없는 소리입니다. 대충 입모양만 해주면서 **right**에서 훅! 뱉어줍니다.

⑤ **Can't wait** to **see** the **mo**vie.
　　D　　D'　d　D　d　　D

Can't wait를 이어서 소리 내시면 **Can't**로 안 들리고 Can으로 들릴 수 있어요. t 처리를 제대로 해주셔야 돼요. t가 나오고 w가 나오잖아요. 그러면 훅 하고 호흡을 끊는 느낌이 있어야 돼요. 그래야 '중간에 t가 있구나!' 하고 **Can't**로 인식을 할 수 있어요.

Can't에 훅! 던지고 올라오는 소리에 wait 처리하되 내용어이므로 정확한 발음과 강세로 소리 내줍니다.

to **see** the **mo**vie. 이 의미단위에서 내용어는 see와 movie입니다. 일단 내용어 단어부터 제대로 된 강세, 발성, 발음으로 연습해봅니다.

see는 s + ee 이렇게 나눌 수 있어요. ee 음소단위는 입을 옆으로 찢고 스마일 해주면서 조금 길게 소리 내는 장모음 [i:]입니다.

movie는 강세인 **mo**에 훅! 던져주고 올라오는 소리에 -vie 처리합니다. 이 의미 단위의 전체 리듬은 d D d D입니다. 충분히 리듬을 느끼고 영어로 대입해주세요.

이제 이어서 소리 내볼게요.

Can't wait to **see** the **mo**vie.

자, 이제 소리튜닝 반복 훈련을 시작해볼까요?

① Do you **still like** dinosaurs?

② **Good**, o**kay**. 'Cause it's a **game** about **di**nosaurs.

③ And you're a **big fan** of Ju**ra**ssic **Park**, **right**?

④ O**kay**, **great**. Al**right**.

⑤ **Can't wait** to **see** the **mo**vie.

> **TIP** 완전히 외울 때까지 발음하면서 Writing도 반복하세요!

훈련 체크 ☐☐☐☐☐☐☐☐☐☐

Part 4 한–영 훈련

①너 여전히 공룡 좋아하니?

②좋아, 그래. 왜냐하면 공룡에 관한 게임이거든.

③그리고 네가 〈쥐라기 공원〉 팬이라며. 그렇지?

④그래, 잘됐네. 좋아.

⑤영화 정말 보고 싶어요.

> **TIP** 소리튜닝 배운 대로 하루 동안 틈나는 대로 무한 반복해서 외우세요! 한글을 보면서 영
> 어문장이 자동적으로 떠오를 때까지.

훈련 체크 ☐☐☐☐☐☐☐☐☐☐

can't wait

기다릴 수 없어, 당장 하고 싶어
to be very excited about something

> 너무 기대돼서 지금 당장 하고 싶은 마음을 표현합니다. '무엇을 하다.'라는 동사를 쓰고 싶으면 to 부정사를 쓰시면 되고요. 그런데 어떤 것에 대해서 기다릴 수 없다고 했을 때, 명사를 쓰고 싶을 때는 for라는 전치사와 많이 같이 옵니다.

1. I can't wait to see you.
   (너를 정말 보고 싶어.)
2. I can't wait for my vacation.
   (방학이 기다려져.)
3. I can't wait!
   (완전 기대돼!)
4.

5.

I don't want to make an exception
저는 예외를 두고 싶지 않아요

온라인 매체 'Quartz'가 2017년 10월 10일, 유튜브 채널에 미국의 기업가 빌 게이츠와의 인터뷰를 공개했습니다. 빌 게이츠는 책을 한 번 읽기 시작하면 끝까지 읽는다는 규칙을 가지고 있는데, 어떤 책은 그럴 수 없을 것 같아 포기했다고 합니다.

Part 1 오늘의 예습 Today's Preview

🎧 MP3 파일 듣기

① If the book was like two or three hundred page book,
② there's no doubt
　　as soon as I watched the movie, I'd dive in.
③ But it's quite long and complicated.
④ And you know, I don't want to make an exception.
⑤ It's my rule to get to the end.

① 만약 책이 200~300쪽 정도 되는 책이라면,
② 의심할 여지 없이 영화를 보자마자 곧 빠져들 겁니다.
③ 하지만 너무 길고 난해해요.
④ 그리고 저는 예외를 두고 싶지 않아요.
⑤ 끝까지 가는 게 제 규칙이죠.

단어와 표현
ーーーーーーーーーーーーーーーーーーーーーーーーーーーーーー

＊**doubt** [daut 다우트]
　　명사: ① 의심, 의혹, 의문　② 사생활　동사: 확신이 없다, 의심하다, 의문을 갖다, 믿지 않다
＊**complicated** [kámplikèitid 캄플리케이티드] 복잡한
＊**exception** [ɪk'sepʃn 익셉션] ① 예외　② 이례
＊**rule** [ru:l 루울] ① 규칙, 규정; 법칙　② 통례, 관례, 습관; 주의　③ 공식, 해법

① If the **book** was like
d   d   **D**   d   d

    two or **three** **hun**dred **page** **book**,
    D   d   **D'**   **D**   **D'**   **D**

② there's **no** **doubt**
    d   d **D'**   **D**

    as soon as I **wat**ched the **mo**vie, I'd **dive** in.
    d   d   d   d d   **D**   d   **D**   dd **D** d

③ But it's quite **long** and **com**plicated.
    d   d d   d   **D**   d   **D**

④ And you know,
    d   d   d

    I **don't** **want** to **make** an ex**cep**tion.
    d   **D**   **D'**   d   **D**   d   **D**

⑤ It's my **rule** to **get** to the **end**.
    d d   d   **D**   d   **D**   d   d   **D**

Main Sentence

I **don't** **want** to **make** an ex**cep**tion.
d   **D**   **D'**   d   **D**   d   **D**

---

make an exception. 오늘의 저널 표현이에요. exception 하면 예
외라는 뜻이니까 '예외를 만들다, 예외로 두다'라는 뜻이 됩니다.

① If the **book** was like
  d d   **D**   d   d

two or **three** hundred **page** book,
 D   d   **D'**   **D**   **D'**   **D**

If the **book** was like. 여기까지의 내용어는 **book**입니다. 그래서 **book**에서 훅! 하고 뱉어줍니다. 그래서 리듬은 d d D d d입니다. 먼저 리듬을 연습해보고 영어를 대입해봅니다. **book**에 훅! 뱉고 올라오는 소리에 was like을 처리하는 느낌을 느껴보세요. book을 음소단위로 나누면 'b + oo + k'입니다. 이때 oo는 말발굽 소리여서 짧게 '으' 하고 소리 냅니다. '부우욱' 아니고 '브ㅋ' 이런 느낌이에요. **two** or three **hun**dred page **book**. or만 빼면 다 힘을 줄 수 있는 내용어죠. 그런데 다 훅 뱉어주면 너무 힘들고 끊어집니다. 그래서 내용어들 중에서도 어디에 뱉을지 화자가 결정합니다. 영상에서는 **two**, **hun**dred, **book**에 훅! 뱉어줬어요. 하지만 나머지 내용어들도 내용어이기 때문에 정확한 강세와 발음을 들려줍니다.

② there's **no doubt**
   d   d **D'** **D**

as soon as I **wat**ched the **mo**vie, I'd **dive** in.
 d   d   d d   **D**   d   **D**   dd **D** d

there's no **doubt**. 일단 이 의미단위에서 doubt 소리부터 제대로 연습하고 갈게요. doubt는 발음기호를 보면 [daut]죠. b는 묵음입니다. 이런 소리를 주의해야 돼요. 그래서 발음이 이상하게 어렵고 예측이 안되는 소리는 사전을 찾아보는 것이 좋습니다. 이 문장에서 내용어는 no, doubt 2개가 있어요. 둘 다 뱉으면 소리가 끊어질 수 있으니, 둘 중 하나에만 뱉어줍니다. there's no **doubt** 하셔도 되고 there's **no** doubt 하셔도 괜찮아요. 빌 게이츠는 doubt에 엄청나게 힘이 들어갔어요.

as soon as I **wat**ched the **mo**vie.

as soon as. 이렇게 통으로 이뤄진 단어는 입에서 편하고 빠르게 나오게 먼저 연습합니다. as soon as I 여기까지 편하고 빠르게 나온다 싶으면 **wat**ched의 강세 **wat**에서 훅! 뱉어줍니다. watch 단어는 ch가 무성음으로 끝났죠. 그래서 뒤에 나오는 과거형 ed는 t 소리를 냅니다.

이 의미단위에서 내용어는 **wat**ched와 mo̲vie입니다. **wat**에서 훅! 뱉고 돌아오는 소리에 −ched the까지 처리해주고 mo̲vie의 강세 **mo**에서 훅! 뱉어줍니다.

I'd dive in.

I'd 거의 안 들렸죠? I would의 줄임말이죠. 영어는 이런 줄임말이 많아서 빨라지고 우리에게 잘 안 들리는 거죠. 줄임말을 뺀 영어는 상상할 수 없는 정도입니다. I'd 를 편하고 빠르게 나오게 연습한 후 **dive**에서 훅! 뱉어주세요.

dive in. '다이브 인' 아니고 v 자음 다음에 I 모음이 붙어서 '**div**(e)in'입니다. 훅 하고 들어가는 거예요. '당연히 훅 하고 빠져들었을 거야.'라고 해석할 수 있겠죠.

재! 조금 길 수 있는 문장이지만 의미단위들을 다 이어서 소리 내볼게요.
there's no **doubt** as soon as I **wat**ched the **mo**vie, I'd **dive** in.

> **TIP**   dive in
>
> 우리도 다이빙한다고 하잖아요. dive in water은 '물속으로 들어가다, 다이브하다'라는 의미입니다. dive in something이라고 하면 '어떤 주제로 훅 하고 몰두하다, 들어가다, 빠져들다'라는 뜻으로 쓸 수 있습니다.

---

③ But it's quite **long** and **com**plicated.
   d   d d   d   **D**   d   **D**

But it's quite **long**. quite은 말버릇이에요. '꽤' 라는 뜻을 가지고 있어요. 크게 힘이 들어가지 않아요. 먼저 But it's quite까지 빠르고 편하게 나오게 입으로 연습합니다. 그런 후 **long**에서 훅! 뱉어주세요.

and **com**plicated. **com**에 훅! 뱉고 돌아오는 소리에 -plicated 처리해줍니다. 단어가 길다고 해서 여러 호흡으로 소리 내면 안 돼요. 한 단어는 한 호흡에 훅! 하면서 처리합니다.

전체 의미단위 이어서 소리 내볼게요.
But it's quite **long** and **com**plicated.

④ And you know, I **don't want** to **make** an ex**cep**tion.
   d   d   d   d   D   D'   d   D   d   D

And you know. 소리의 버퍼링이죠. 빠르고 편하게 힘주지 않으면서 처리합니다.

I **don't** want to **make** an ex**cep**tion. 이 문장에서 내용어는 don't, want, make, exception입니다. 문장 길이에 비해서 내용어가 많은 편이죠. 이럴 땐 다 뱉기가 힘들겠죠. 화자가 정해줄 수 있습니다.
I **don't** want to. don't에 나갔어요. want to를 wanna라고 줄여서 많이 말하죠. 여기까지 편해지셨으면 다음 갑니다.
make an. '메이크 언' 아니고요. k로 끝나고 모음 a로 시작하죠. 그래서 붙습니다. 제가 누누이 말씀드렸지만 make처럼 끝에 e가 달라붙어 있는 건 e 떼고 생각한다고 했어요. 왜냐하면 우리의 모든 소리의 규칙은 발음기호를 기준으로 하기 때문입니다. k 다음에 a로 시작하니까 붙어버리죠. 그러니까 make an이 아니라 '**mak**(e)an' 이렇게 소리를 편하게 냅니다.
ex**cep**tion의 강세는 **cep**에 있어요. 그리고 p가 받침으로 쓰였죠. 그래서 '셉' 하고 입을 '합' 다물었다가 tion 소리를 냅니다.

연결해볼게요. **make** an ex**cep**tion 이러면 힘들어요. 그래서 어디다가 더 훅 하고 힘 줄지는 여러분이 결정하시는데, 빌 게이츠는 ex**cep**tion에 힘을 줬어요.

전체 의미단위 이어서 소리 내볼까요?

And you know, I **don't** want to **make** an ex**cep**tion.

⑤ It's my **rule** to **get** to the **end**.
d d d   D d D d d   D

It's my **rule**. '이건 내 룰이야.' 이런 뜻이죠. 여기서 내용어는 **rule**밖에 없어요. 생각보다 좀 어려운 발음입니다. 발음기호를 보면 [ruːl]이죠. r로 시작해서 dark l 로 끝납니다. 그래서 '(우)루얼' 하는 느낌으로 소리 납니다.

to **get** to the **end**. 이 의미단위에서 내용어는 get과 end죠. 두 단어 중에 더 중요한 정보는 **end**겠죠. 그래서 **end**에 더 훅! 던져집니다. 전체 리듬은 d D d d D입니다. 리듬을 몸을 움직이면서 연습했다가 영어를 대입해볼게요.

It's my **rule** to **get** to the **end**.

'끝까지 가는 게 내 룰이야.'

끝까지 못 읽을 것 같으면 아예 시작도 안 한다는 거예요.

자, 이제 소리튜닝 반복 훈련을 시작해볼까요?

🎧 MP3 파일 듣기

① If the **book** was like

　 two or **three** hun dred **page book**,

② there's **no doubt**

　 as soon as I **wat**ched the **mo**vie, I'd **dive** in.

③ But it's quite **long** and **com**plicated.

④ And you know, I **don't want** to **make** an ex**cep**tion.

⑤ It's my **rule** to **get** to the **end**.

| TIP | 완전히 외울 때까지 발음하면서 Writing도 반복하세요! |

훈련 체크 ☐☐☐☐☐☐☐☐☐☐

Part 4 한-영 훈련

① 만약 책이 200~300쪽 정도 되는 책이라면,

② 의심할 여지 없이 영화를 보자마자 곧 빠져들 겁니다.

③ 하지만 너무 길고 난해해요.

④ 그리고 저는 예외를 두고 싶지 않아요.

⑤ 끝까지 가는 게 제 규칙이죠.

훈련 체크 ☐☐☐☐☐☐☐☐☐☐

make an exception

예외를 두다
to allow a rule not to be followed

1. Please make an exception just this one.
   (이번만 예외로 해주세요.)

2. I don't usually lend people money,
   but in your case I'll make an exception.
   (난 보통 사람들한테 돈 안 빌려주거든.

   그런데 너니까 예외로 해준다.)

3. I will make an exception
   because he looks very polite.
   (걔가 너무 공손해 보이니까 예외를 둘게.)

4.

5.

조금 더 읽어보기

여러분, 모든 성공하는 사람들은 책을 가까이 한다고 합니다. 책에서 얻을 수 있는 간접 경험이 너무 많기 때문이죠.

저도 20대 초반까지만 해도 책을 많이 읽지는 않았었어요. 그런데 이제 와서 후회를 해요. 그때부터 내가 책을 읽었다면 내 삶이 얼마나 더 좋아졌을까 후회가 남거든요.

빌 게이츠의 책 읽는 방법은 뭘까요? 첫 번째, 책 가장자리에 노트를 한다고 해요. 두 번째는 영상에 나오죠. 한번에 끝까지 읽는 겁니다. 세 번째, 종이 책을 읽죠. 그런데 너무 힘들어서 전자책으로 바꿀 거라고 하네요. 네 번째, 한 시간 동안은 방해물을 차단한다고 합니다.

아래는 이 연설의 도입부입니다. 읽어볼까요?

I don't let myself start a book that I'm not gonna finish. you know when you're reading you have to careful that you really are concentrating particularly if it's non-fiction book. Are you taking the new knowledge and sort of attaching to knowledge you have and for me taking notes helps make sure that I'm really thinking hard about what's in there. If I disagree with the book sometimes it takes a long time to read book because I'm writing so much in the margin. It's actually kind of frustrating.

I am open to new beginning.
나는 새로운 시작에 열려 있다.

12주차 한영 훈련 중첩 복습

78일부터 84일까지 끝내셨습니다. 반복연습 계속해오셨나요?
복습해봅시다! 다음 한글 표현에 맞게 영어문장을 떠올리고 소리튜닝하
여 발음해보세요!

DAY 78

① 말도 안 되는 소리하지 마.
② 넌 꼭 가야 해.
③ 너 돈 필요하잖아.
④ 네 뒷바라지 하는 거 지쳤어.

DAY 79

① 인터넷 한 번 죽여볼까요?
② 해보고 싶어요?
③ 너무 해보고 싶어요.
④ 이건 엄청난 경험이 될 거예요. 한 번 들어봐요.
⑤ 좋아요! 다른 모든 사람들이 과한 짓을 많이 했잖아요.

DAY 80

① 보조개가 유전인가요?
② 저만 그런 거 같아요.
③ 그래요?
④ 저는 4명의 여자 형제와 오빠 하나가 있어요. 그런데 저만 유일해요.

DAY 81

① 제가 구석에 숨어서 보고 있는 거예요.
② "그녀가 얼마나 먹을까",
③ "내가 얼마나 얻을 수 있을까",
④ 그리곤 제가 다시 가죠. 그러면 이래요.
⑤ "나 더는 한 입도 못 먹겠어요."
⑥ 그럼 전… "앗싸!" 하죠.

DAY 82

① 저는 당신이 속이 깊은 사람이라는 인상을 받아요.
② 저는 제가 속이 깊은 사람이라는 인상을 주는 것을 좋아해요.
③ 우리 잠시 진솔해져볼까요?
④ 깊이 가보죠.

DAY 83

① 너 여전히 공룡 좋아하니?
② 좋아, 그래. 왜냐하면 공룡에 관한 게임이거든.
③ 그리고 네가 〈쥬라기 공원〉 팬이라며. 그렇지?
④ 그래, 잘됐네. 좋아.
⑤ 영화 정말 보고 싶어요.

DAY 84

① 만약 책이 200~300쪽 정도 되는 책이라면,
② 의심할 여지 없이 영화를 보자마자 곧 빠져들 겁니다.
③ 하지만 너무 길고 난해해요.
④ 그리고 저는 예외를 두고 싶지 않아요.
⑤ 끝까지 가는 게 제 규칙이죠.

갓주아의 12주차 소리튜닝 특강
– 마인드 튜닝을 멈추지 마세요!

이제 90일이 얼마 남지 않았고, 곧 100일이 끝납니다. 완주하는 거예요.

여러분, 이게 사실은 쉽지 않은 일이에요. 뭔가를 100일 동안 꾸준히 하는 것이요. 책을 보면서 공부하는 법을 말씀드렸잖아요. 꾸준히 그 방식대로 하신 분들은 대단하신 분들입니다. 뭔가를 꾸준히 중첩해서 하는 일은 더 쉽지 않은 일이에요.
지겹거든요. 지겨워요. 계속 같은 걸 보려고 하면 지겨워져요. 그런데 외국어는 지겹게 해야 돼요. 지겨울 정도로 중첩해서 내 몸에서 편하게 나온다 싶을 정도까지 해야, 그렇게 혼자 연습을 해야 어디 가서 말이 조금 편하게 나오는 거죠.

저는 굉장히 빠른 시간 내에 엄청난 에너지와 힘을 투자해서 하게끔 만들어요. 그런데 짧은 시간 내에 뭔가 만들어내는 것이기 때문에 쉽지가 않아요. 엄청나게 많은 에너지를 투자해야 돼요.
그런데 그런 와중에 그걸 해내시는 분이 있고, 거기까지는 못 가도 요만큼까지 가시는 분도 있고, 사람마다 다른 거죠.

뭐가 사람들을 계속 못하게 만들까요? 나의 목표를 못 이루게 하는 것은 뭘까요? 과제의 양일까요? 나의 마음일까요?

내 마음이 계속 얘기합니다.

'이건 너무 많아. 이건 너는 못해. 너는 이런 실력이 아니야. 너는 안 될 것 같아.'

그러면 점점 부정적인 마인드가 올라오기 시작해요.

'그런 것 같아. 이건 진짜 내 실력이 아닌 것 같아. 이건 쓸데없는 일인 것 같아. 내가 이걸 왜 하지? 이게 뭐가 중요해? 내가 이런다고 해서 잘하나?'

그러면 사람들은 그만하고 싶죠. 안 하죠. 그만합니다.

목표를 이루기 위해서는 생각을 많이 하시면 안 돼요.
Just do it without thinking.

생각 없이 그냥 하는 거예요. '한번 해보지 뭐.' 이런 마음으로 하셔야 해요. '이래서 될까? 이래서 안 되나?' 이 생각하는 시간에 'do it!' 하는 게 제일 중요한 거예요.

84일차입니다. 다음 주차에는 90강대를 만나실 거예요. 쉽지 않은 여정을 달려오셨네요. 마음을 쌓을 필요가 있겠죠.

Week 13

Day 85
|
Day 91

I am improving each day.
나는 매일 성장한다.

Day 85
대표문장
He's most known for his art
그는 예술로 가장 잘 알려져 있죠

마이크로 소프트의 설립자이자 세계 최고의 부자로 일컬어지는 빌 게이츠가 자신의 유튜브 채널을 개설했습니다. 그가 2017년 5월 21일 업로드한 영상에서는 5권의 책을 추천해주고 있는데, 그중 워터 아이작슨의 『레오나르도 다빈치』에 대한 장면이네요.

Part 1 | 오늘의 예습 Today's Preview

🎧 MP3 파일 듣기

① What Isaacson does is
   say what made daVinci special.
② He's most known for his art.
③ He thought of himself as a military engineer,
④ and a scientist, and an expert on music.

① 책에서 아이작슨은
   무엇이 다빈치를 특별하게 만들었는지 말합니다.
② 다빈치는 예술로 가장 잘 알려져 있죠.
③ 그렇지만 다빈치 자신은 본인이 군사 엔지니어,
④ 그리고 과학자, 음악 전문가라고 생각했어요.

단어와 표현

* **daVinci** [də-vínt∫i 더**빈**취] 레오나르도 다빈치(이탈리아의 화가, 건축가, 과학자)
* **be known for** ~로 알려져 있다
* **military** [mílitèri **밀**리터리] 군의, 군대의
* **expert** [ékspə:rt **엑**스뻘ㅌ] 명사: 전문가 형용사: 전문가의, 전문적인

① What Isaacson **does** is
  d   D   D' d

    say what made da**Vin**ci spe**cial.**
    D   D'   D   D'   D

② He's **most known** for his **art**.
   d d D'   D   d d D

③ He **thought** of himself as a **mi**litary engi**neer**,
   d   D   d   d   d d   D'   D

④ and a **sci**entist, and an **ex**pert on **mu**sic.
   d d   D   d   d   D   d   D

Main Sentence

He's **most known** for his **art**.
 d d D'   D   d d   D

오늘의 대표 문장은 be known for 때문에 가지고 왔습니다. 보통 be known for something 하면 '~으로 알려져 있다'라는 뜻입니다. '~로 유명하다'라는 뜻으로도 쓰입니다.

known 나가고 art 나가죠. most 역시 내용어이긴 한데 most랑 known이 너무 붙어 있기 때문에 둘 다 나갈 수는 없죠. 어디에 힘줄지는 여러분이 결정하시는 게 맞아요. 이 영상에서 빌 게이츠는 known에 힘이 더 들어갔습니다.

He's most **known** for his **art**.

① What Isaacson **does** is
   d   D   D' d

say what made daVinci spe**cial.**
 D   D'   D   D'   D

첫 번째 문장이 살짝 길어요. 약간 까다로운 문장 구조죠.

<u>What Isaacson does.</u> 여기까지가 주어예요. 내용어는 Isaacson, does입니다. Isaacson의 강세인 I에 훅! 뱉어주고 올라오는 소리에 does 정확한 강세와 발음으로 소리 냅니다. 리듬은 d D D'입니다. 'Isaacson이 하는 것은, Isaacson이 한 것은, Isaacson 한 일은' 정도로 해석할 수 있겠죠.

> **TIP**　D' 연습하기
>
> D'의 경우 리듬연습을 할 때는 d D d처럼 해주세요. 단지 D'는 뭉개지 않고 정확한 강세와 발음으로 소리 냅니다.

<u>is **say**</u>는 d D 리듬입니다. say에 힘이 들어가죠. d D입니다. 그런데 영상에서 빌 게이츠는 좀 하나 하나 소리를 들려준 편이죠. 모든 원어민이 다 이렇게 말한다면 너무 좋겠다 싶을 정도로요.
<u>what **made** daVinci **spe**cial.</u> 이 의미단위는 모든 단어가 다 내용어입니다. 어디에다 힘을 줄지는 본인이 결정합니다. 영상에서는 **made**와 **spe**cial에 훅! 뱉어 줬어요. 특히 **made**에 힘을 줬어요. 내용어 사이의 세기 조절을 어떻게 하냐에 따라 뉘앙스가 바뀝니다.
<u>daVinci.</u> 다빈치라고 하지 않고요. 치즈 광고할 때도 '드빈취'라고 하잖아요. vin 한 다음에 이때 c는요. ch 소리가 나옵니다.

What Isaacson does 하고 살짝 쉬셔도 돼요.
What Isaacson does / is **say** 이런 느낌도 괜찮습니다.

What **Isaacson** does is **say** what **made** daVinci **spe**cial.

② He's **most known** for his **art**.
   d   d   D'   D   d   d   D

대표문장 나옵니다.

> **TIP** be known for / as / to 정리
>
> be known for 이유: She is known for her foolishness.
> be known as 자격 / 신분: She is known as a fool.
> be known to 대상: She is known to the world.

③ He **thought** of himself as a **mi**litary engi**neer**,
   d   D   d   d   d d   D'   D

He **thought** of himself. d D d d 리듬입니다. 가장 중요한 단어인 **thought**
을 먼저 제대로 된 발성, 강세, 발음으로 연습합니다. thought의 발음기호는 [θɔːt]
입니다. th 소리 제대로 내주시고요. ou 소리가 아니에요. '쏘우트' 하면 안 되
고 담백하고 빠르게 '써ㅌ' 해주세요. **thought**에 훅! 뱉고 들어오는 소리에 of

himself까지 다 처리합니다. think of A as B입니다. 'A를 B라고 여기다'.

음소단위 **th**

th를 소리 낼 때 혀가 이 사이에 살짝 나오고 이가 혀를 눌러주면, 숨이 나가기가 힘들어요. 그 느낌을 살려줘야 돼요. 그렇게 하면 배가 긴장이 됩니다. 쉽게 나가지 않아요

TIP **think of A as B**

A를 B라고 여기다. A를 B라고 생각하다. A를 B라고 간주하다. 좋아하는 선생님을 만났을 때 뭐라고 할 수 있죠? I think of you as my mentor. 나는 당신을 멘토라고 생각합니다.
be thought of as 이 형태로도 굉장히 많이 써요. Bananas used to be thought of as an expensive fruit. 바나나는 비싼 과일로 여겨졌어. 지금은 아니지만, 옛날에 비쌌죠. 그래서 used to를 씁니다.
사람을 칭찬할 때도 쓸 수 있어요. '나는 내 자신을 ~라고 여겨.' 할 때도 괜찮죠. 남한테 쓰면 약간 비꼴 수도 있겠죠? He thinks of himself as a genius. 그는 자기 자신을 천재라고 생각해.

<u>as a military engi**neer**</u>. 이 의미단위에서 내용어는 military engineer입니다. 형용사 + 명사 구조죠. 그래서 명사인 engi**neer**에 훅! 뱉어줍니다. military의 강세의 mi도 훅! 뱉지는 않지만 악센트라는 느낌은 들려줘야 해요. 예술로 유명한 사람인데 스스로는 군사 엔지니어라고 여겼다고 합니다.

④ and a **sci**entist, and an **ex**pert on **mu**sic.
　　d　d　　**D**　　　　d　d　　**D**　　d　　**D**

<u>and a **sci**entist</u>. d d D죠. **sci**entist는 **sci** 나가고 들어오는 소리에 뒤처리합니다.
<u>and an **ex**pert</u> 할 때 **ex**가 귀에 꽂아져야 돼요. 배에 훅 하고 힘이 들어가는 느낌이 있어요. **ex** 한 다음에 p 소리에 강세가 없으면 소리규칙 된소리가 나온다고

했죠. '엑스퍼트'라고 해도 되는데 '뻘' 하고 소리 납니다.

<u>on **mu**sic. **mu**</u>에서 충분히 시간 가져주시고, **mu**에서 훅! 뱉고 돌아오는 소리에 sic 처리 편하게 합니다.

TIP　　**내용어 악센트 끌기**

내용어의 악센트를 길게 끌면 끌수록 리듬감은 더 살아요. 흑인 영어와 백인 영어의 차이가 있는데, 흑인 영어가 훨씬 더 리드미컬합니다. 악센트를 길게 잘 해줘서 그래요. 딱 들어도 리듬이 느껴지는 영어가 있죠. 내용어의 악센트를 길게 늘리면 그렇게 됩니다.

'드빈치' 하면 예술, 그림, 조각 이런 걸로 알려져 있잖아요. 그런데 자기 스스로는 엔지니어이고, 과학자이고, 음악 전문가라고 여겼다는 거죠. 한번에 해봅시다.

<u>He **thought** of himself as a military engi**neer**, and a **sci**entist, and an **ex**pert on **mu**sic.</u>

자, 이제 소리튜닝 반복 훈련을 시작해볼까요?

Part 3 소리 반복훈련

🎧 MP3 파일 듣기

① What **I**saacson **does** is

　say what made da**Vin**ci **spe**cial.

② He's **most known** for his **art**.

③ He **thought** of himself as a **mi**litary engi**neer**,

④ and a **sci**entist, and an **ex**pert on **mu**sic.

> **TIP** 완전히 외울 때까지 발음하면서 Writing도 반복하세요!

훈련 체크 ☐☐☐☐☐☐☐☐☐☐

Part 4 한-영 훈련

① 책에서 아이작슨은

　무엇이 다빈치를 특별하게 만들었는지 말합니다.

② 다빈치는 예술로 가장 잘 알려져 있죠.

③ 그렇지만 다빈치 자신은 본인이 군사 엔지니어,

④ 그리고 과학자, 음악 전문가라고 생각했어요.

> **TIP** 소리튜닝 배운 대로 하루 동안 틈나는 대로 무한 반복해서 외우세요! 한글을 보면서 영어문장이 자동적으로 떠오를 때까지.

훈련 체크 ☐☐☐☐☐☐☐☐☐☐

166

be known for

～로 잘 알려져 있다. 유명하다

> for 다음에는 유명해진 이유를 써줍니다. 유명해진 어떤 요인에 대해서 말할 때 쓸 수 있어요.

1. He is known for his good looks.
   (그는 잘생겨서 유명해.)

2. In which countries are people known for being punctual?
   (어떤 나라 사람들이 시간 개념 있기로 유명해?)

3. Paris is known for the Eiffel Tower.
   (파리는 에펠탑으로 유명하다.)

4.

5.

Day 86
대표문장

We're looking forward to meeting her
아이를 만나길 기대하고 있어요

페이스북의 창시자 마크 저커버그가 2015년 12월 2일, 미국의 AP통신과 인터뷰를
진행했습니다. 당시 저커버그의 아내가 임신 중이었는데요, 그래서 아기에 대해
이야기하는 장면입니다.

Part 1   오늘의 예습 Today's Preview

🎧 MP3 파일 듣기

① The pregnancy has been really fun.
② We're really looking forward to meeting her.
③ Mark is really looking forward to meeting her.
④ Yeah, well, it's been 37 weeks.
⑤ So I think it's time for her to come out.

① 임신은 정말 즐거웠어요.
② 우리는 아이 만나는 것을 정말 기대하고 있어요.
③ 마크가 정말 아이 만나는 것을 기대하고 있어요.
④ 네, 37주 됐죠.
⑤ 그러니 나올 때가 된 것 같아요.

단어와 표현

* **pregnancy** ['pregnənsi 프뤠그넌시]   임신
* **look forward to**   ~를 기대하다
* **come out**   나오다

168

① The **pre**gnancy has been **real**ly **fun**.
   d   D   d   d   D'   D

② We're **real**ly **loo**king **for**ward to **mee**ting her.
  d d   D   D'   D   d   D   d

③ **Mark** is **real**ly **loo**king **for**ward
   D   d   D'   D'   D

   to **mee**ting her.
   d   D   d

④ **Yeah**, **well**, it's been **37 weeks**.
   D   D' d d   d   D   D'

⑤ So I **think** it's **time** for her to **come out**.
  d d D   d d D   d   d   d   D'   d

Main Sentence

We're **real**ly **loo**king **for**ward to **mee**ting her.
 d d   D   D'   D   d   D   d

---

look forward to. 한 단어처럼 연결되어 마치 for에 강세가 있는 긴 단
어라고 생각하고 소리 냅니다. '학수고대하다'라고 배우셨죠. 뭔가를 기대
할 때 쓰는 표현입니다. 여기에서 her, 그녀는 누구일까요? 아기겠죠. 벌
써 성별을 알았나봐요.

① The **pre**gnancy has been **real**ly **fun**.
　　d　　　　D　　　d　　d　　D'　　D

The **pre**gnancy has been really **fun**. the에 힘 들어가지 않죠. 내용어부터
연습하겠습니다.

pregnancy. **pre**에 한 호흡에 끝내준다고 했어요. 던지는 느낌이 있어야 돼요.
목에만 소리를 내는 게 아니라 편안하게 던져주는 거예요. '프 레!' 이렇게 소리가 따
로따로 나는 느낌이 아니라 이 두 단어를 한 번에 훅! 뱉는 발성과 함께 소리 내는
느낌입니다. **pre**에서 훅! 뱉고 돌아오는 소리에 -gnancy has been really까
지 처리합니다.

fun에서 f를 위해 윗니가 아랫입술을 물었다 터지면서 훅! 뱉어줍니다.

really도 내용어라서 여기에 훅! 뱉어도 됩니다. 어디에 뱉는지에 따라 전달되는 뉘
앙스가 달라집니다. really에 뱉지는 않아도 여전히 내용어이기 때문에 정확한 강세
와 발음으로 소리 냅니다.

has been을 써서 예전부터 지금까지 계속 임신 상태가 즐거웠음을 표현했어요.

The **pre**gnancy has been really / **fun**.

영상에서는 이렇게 한번 끊어서 말했어요. '내 임신기간이 어땠지?' 생각하면서 적당
한 단어를 고르느라 really 하고 살짝 쉬었다가 fun! 하고 말합니다.

② We're **real**ly **loo**king **for**ward to **mee**ting her.
　　d　d　D　　　D'　　D　d　D　　d

우리 대표문장 나옵니다.

We're **real**ly. 여기까지 리듬은 d d D입니다. **real**ly가 명료하게 들리기 위해 '(우)리얼리' 이렇게 본인에게만 (우)가 들린다는 느낌으로 소리냅니다.

looking **for**ward to. **for**ward to 여기에 훅 하고 힘이 올라가죠. looking / forward / to가 아니라 한 단어처럼 나오셔야 돼요. **real**ly의 강세 **real**에서 훅! 뱉어주고 돌아오는 소리에 looking 처리해주고 다시 **for**ward 강세 **for**에 훅! 뱉어주고 올라오는 소리에 to까지 처리해줍니다.

meeting her. **mee**에 훅! 뱉고 t에 강세가 없어서 ㄹ 소리가 나오면 편하죠. her는 항상 기능어죠. her 이렇게 소리 낼 때도 있지만 보통 er 이렇게 편하고 빠르게 소리 냅니다.

다 이어서 소리 내볼게요.
We're **real**ly looking **for**ward to **mee**ting her.

> **TIP**　look forward to와 can't wait
>
> We're really looking forward to meeting her. 우리는 그녀를 만나는 걸 정말 기대했어.
>
> 그런데 지난번에 배웠던 것 기억나세요? can't wait 로 쓰셔도 괜찮겠죠. 다만 can't wait가 뭔가를 되게 하고 싶다는 표현이라면, look forward to는 기대의 느낌이 좀 더 큰 것 같아요. We can't wait to meet her. 그녀를 만나는 것을 기다릴 수가 없어.

---

③ **Mark** is **real**ly **loo**king **for**ward to **mee**ting her.
　　D　d　D'　　D'　　　D　d　D　　d

Mark is really looking **for**ward to. Mark는 마크 저커버그의 이름이죠. Mark 다음에 is가 바로 오니까 k 다음에 i니까 붙죠. 그래서 Mark is가 아니

라 '**Mar**kis' 이렇게 한 단어처럼 소리 내면 편해요. 앞 문장은 really에 훅! 뱉었는데 이번 문장에서는 really에 훅! 뱉어주지 않았어요. 본인 마음이죠. mark에서 훅! 뱉고 돌아오는 소리에 is really looking까지 처리합니다. 하지만 really와 looking은 여전히 내용어이므로 정확한 강세와 발음을 해줍니다. 그리고 다시 **for**ward의 강세 **for**에서 훅! 뱉고 돌아오는 소리에 to까지 처리합니다.

meeting her. D d 리듬입니다. **mee**에 훅! 뱉고 -ting her까지 처리합니다.

쟤 다 이어서 소리 내볼게요.

Mark is really looking **for**ward to **mee**ting her.

④ **Yeah**, **well**, it's been **37 weeks**.
　　 D　　 D'　 d d 　d　 D 　　D'

Yeah. 명료한 소리를 위해서 음소단위 y 소리 제대로 내줄게요. 혀끝이 아랫니 뒤쪽에 대고 '이' 하고 힘을 줬다가 Yeah! 해줍니다.

well, it's been. 여기까지 힘 들어가는 게 하나도 없어요. 매우 빠르게 처리했죠. well은 힘을 줄 때도 있지만 여기서는 힘 없이 처리했어요. it's been은 it has been의 줄임이죠. 이렇게 줄여진 말들은 외워질 정도로 연습합니다.

thirty-seven weeks. 전체 문장에서 가장 중요한 정보는 37주라는 거죠. 벌써 37주가 됐으니까 기대할 만하다고 말하는 겁니다. 그래서 **thir**에서 훅! 뱉어주고 돌아오는 소리에 seven까지 처리하고 다시 weeks에서 훅! 뱉어주되 **thir**ty보다 크게 뱉어주지는 않습니다.

it's been **thir**ty-seven weeks.

⑤ So I **think** it's **time** for her to **come** out.
　 d d 　D　　 D 　d d 　D　 d 　d　 d 　D'　 d

So I **think**. d d D리듬입니다. 명료한 th 소리를 위해서 위아래 이가 혀를 살짝 물면서 숨을 막았다가 혀를 안쪽으로 다시 끌고 오면서 힘 있게 소리 냅니다.

it's **time**. 이것도 dd D 리듬입니다. 그런데 앞의 의미단위 이어져서 **think**에 훅!
뱉고 돌아오는 소리에 it's을 처리하고 다시 t 음소단위 생각해서 훅! **time**에서 뱉
을게요. 이런 패턴의 리듬이 연속되면 소리내기 편해요.

for her to come **out**. 이 긴 의미단위에서 뱉는 소리는 **out**밖에 없어요. 그러니
입에서 편하고 빠르게 처리할 수 있겠죠. come **out**은 내용어라서 **out**에서 뱉고
음을 살짝 높입니다.

앞 의미단위와 이어서 소리내기 위해 **time**에 훅! 뱉고 돌아오는 소리에 for her
to come까지 처리합니다. 그리고 **out**에서 훅! 뱉는 거예요.

재 조금 길 수 있지만 다 이어서 소리 내볼게요.
So I **think** it's **time** for her to come **out**.

TIP   it's time to ~

~할 때가 됐어. to 부정사를 씁니다.

it's time to come out. 나올 때야.

it's time to go to bed. 자러 갈 때야.

it's time to wake up. 일어날 때야.

it's time to go home. 집에 갈 때야.

it's time to have lunch. 점심 먹을 때야.

그런데 이렇게 얘기하면 누구를 지정해서 한 말은 아니에요. 그런데 만약 '그녀가' 집에 갈 시간이

라고 얘기하고 싶다면 to 부정사 앞에 for 다음에 대상을 쓰시면 돼요.

it's time for her to go home. 그녀가 집에 갈 시간이야.

자, 이제 소리튜닝 반복 훈련을 시작해볼까요?

① The **preg**nancy has been **real**ly **fun**.

② We're **real**ly **loo**king **for**ward to **mee**ting her.

③ **Mark** is **real**ly **loo**king **for**ward to **mee**ting her.

④ **Yeah**, **well**, it's been **37 weeks**.

⑤ So I **think** it's **time** for her to **come out**.

TIP   완전히 외울 때까지 발음하면서 Writing도 반복하세요!

훈련 체크   ☐☐☐☐☐☐☐☐☐☐

Part 4   한–영 훈련

①임신은 정말 즐거웠어요.

②우리는 아이 만나는 것을 정말 기대하고 있어요.

③마크가 정말 아이 만나는 것을 기대하고 있어요.

④네, 37주 됐죠.

⑤그러니 나올 때가 된 것 같아요.

TIP   소리튜닝 배운 대로 하루 동안 틈나는 대로 무한 반복해서 외우세요! 한글을 보면서 영어문장이 자동적으로 떠오를 때까지.

훈련 체크   ☐☐☐☐☐☐☐☐☐☐

look forwar to V ing

기대하다, 고대하다
feel excited about something that is going to happen

> 여기서 to는 전치사예요. to 부정사, 동사 쓰시면 안 되고요. 이제 곧 일어날 일
> 에 대해서 기대하는 것입니다. '너무 기대 돼' 표정으로 말할 수 있겠죠. '학수고
> 대하다' 이렇게 해석을 해 놓으면, 내가 실제 쓰는 상황에서 이야기가 안 나올
> 수 있어요.
> What do you look forward to tomorrow?
> 너는 내일 기대되는 게 뭐야? 이렇게 해서 내일 뭐 할 거야?
> I look forward to my birthday. 나 내 생일이 기대돼.
> I look forward to seeing you. 널 만나는 게 기대돼.
> I look forward to your reply. 너의 답장이 기대돼. (답장 기다릴게.)

1. I'm really looking forward to my holiday.
   (난 휴일을 고대하고 있어.)

2. I look forward to hearing from you.
   (너한테 소식 듣기를 기대할게.)

   * 편지나 이메일 끝에 많이 쓰는 표현입니다!

3. What do you look forward to tomorrow?
   (내일 기대하는 게 뭐야?)

4.

5.

Day 87
대표문장

We have something radical in common
우리는 근본적인 공통점을 갖고 있어요

영화배우 안젤리나 졸리가 2017년 12월 6일, 미국의 매체 '할리우드 리포터(The Hollywood Reporter)'의 연례 행사인 〈The Hollywood Reporter's 2017 Women in Entertainment〉에서 기조 연설을 하는 시간을 가졌습니다. 예술에서의 여성의 연대에 대해 이야기합니다.

Part 1 오늘의 예습 Today's Preview

🎧 MP3 파일 듣기

① All of us here are different people,
② but we have something
   quite radical in common.
③ We have the freedom to be artists,
④ the freedom to create,
   to challenge authority fearlessly.

① 여기 있는 우리 모두는 다 다른 사람들이죠.
② 그러나 우리는 꽤 근본적인 공통점을 갖고 있어요.
③ 우리는 예술가가 될 수 있는 자유가 있어요.
④ 창조할 수 있는 자유, 겁 없이 권위에 도전할 자유가 있어요.

단어와 표현

* **radical** [rǽdikəl 래디클]   ① 근본적인, 철저한   ② 급진적인, 과격한
* **in common** [인커먼]   공동으로
* **authority** [əθɔ́ːriti 어쎠러리]   ① 지휘권, 권한   ② 재가, 인가   ③ 권위, 권위자
* **fearlessly**   겁 없이, 대담무쌍하게

176

① **All** of us **here** are **di**fferent **peo**ple,
　D　d　d　D　d　　D　　　D'

② but we **have** something
　d　d　D　　　d

　quite **ra**dical in **co**mmon.
　　d　　D　　d　　D

③ We **have** the **free**dom to be **ar**tists,
　d　　D　　d　　D　　d　d　D

④ the **free**dom to **create**,
　d　　D　　d　D

　to **chal**lenge au**tho**rity **fear**lessly.
　d　　D　　　D'　　　D

Main Sentence

we **have** something quite **ra**dical in **co**mmon.
d　D　　　　d　　　d　　D　d　D

---

have something in common. 어떤 부분에서 공통점이 있다는 뜻
입니다. have, radical, common에 힘 들어가야겠죠. radical은 '근
본적인'이란 뜻을 가지고 있어요.

we **have** something quite **ra**dical in **co**mmon.
훅 훅 훅 뱉었어요.

① **All** of us **here** are **di**fferent **peo**ple,
  D d d **D**   d   **D**   **D'**

All of us **here**. 여기까지 내용어는 All과 here입니다.

All은 dark l이죠. '올' 아니고요. 혀 안쪽을 목구멍 쪽으로 당기면서 '얼'소리를 냅니다. **All**에 훅! 뱉고 돌아오는 소리에 of us를 처리합니다.

그리고 다시 **here**에 훅! 뱉어주세요. **here**에 **All**만큼 크게 훅! 뱉지는 않지만 내용어이기 때문에 **here** 하고 들려줘야겠죠. 내용어 사이에 힘을 조절해야 자연스럽게 들립니다.

are **di**fferent people. 내용어는 different와 people이죠. 형용사 + 명사는 보통 명사에 힘이 들어가지만, 여기서는 **di**fferent에서 뱉어줬습니다.

different의 강세인 **di**에 훅! 뱉고 돌아오는 소리에 −fferent people까지 처리해줍니다.

people은 뱉는 소리는 아니지만 정확한 강세와 발음으로 제대로 소리 냅니다.

이제 둘을 이어볼게요.

All of us **here** are **di**fferent people.

② but we **have** something quite **ra**dical in **co**mmon.
  d   d   **D**   d   d   **D**   d   **D**

but we **have** something quite **ra**dical. 똑같은 세기의 힘을 주면 살짝 어색해진다고 했어요. 하려면 할 수 있지만 말하는 사람도 힘들고 너무 인위적인 느낌이 있어요. 그래서 내용어 사이에 중요한 것, 덜 중요한 것을 생각해서 힘 조절을 하면 입에서도 편합니다. 제일 중요한 건 **ra**dical, **co**mmon이겠죠. 그러면 have는 좀 힘을 뺄까요?

in **co**mmon. 내용어인 **co**mmon의 강세는 **co**입니다. 훅! 뱉어주세요. d D 리듬입니다. d D를 충분히 연습하고 영어를 대입합니다. 그러면 in에 힘을 안 주게 됩니다.

이어서 소리 내 볼게요. **ra**dical의 **ra**에 뱉고 돌아오는 소리에 in까지 처리하면 자연스럽게 두 의미단위가 이어지겠죠.
but we **have** something quite **ra**dical in **co**mmon.

③ We **have** the **free**dom to be **ar**tists,
    d   **D**   **D**   d   **D**   d   d   **D**

We **have** the **free**dom. 이 의미단위에서 내용어는 have와 freedom이고 연설이라 둘 다 뱉어도 됩니다. 어떤 뉘앙스로 말하고 싶은지에 따라 내용어 사이에 힘을 조절해줄 수 있습니다. 뭐가 더 중요한 정보인지에 따라 결정해줍니다. 이 영상에서는 **free**dom에 더 훅! 뱉어줬어요.
to be **ar**tists. d d D 리듬입니다. **ar**에 훅! 던져주고 돌아오는 소리에 –tists를 처리합니다. ts는 '츠' 소리로 하면 입이 편합니다.

> **TIP**   **힘을 줬다고 리듬이 나간 게 아니다!**
>
> 오해하시는 부분이 있습니다. '여기에 힘 줬잖아요, 목소리 더 크게 냈어요!' 그렇게 생각해서 리듬을 탔다고 생각할 수 있어요. 그런데 소리만 지르고 있다면 듣는 사람이 불편하고, 본인도 힘들어요. 목소리를 크게 하라는 얘기가 아니에요. 그냥 편안하게 훅 던지시라는 얘기예요. 힘을 전혀 주지 않고서도 발성은 나갈 수 있는 거예요.

④ the **free**dom to **create**,
   d   **D**   d   **D**

   to **chal**lenge au**tho**rity **fear**lessly.
   d   **D**   **D'**   **D**

the **free**dom to **create**. 일단 내용어 단어들의 발성, 발음, 강세를 생각해서 연습합니다. 이 의미단위의 리듬은 d D d D입니다. **free**에 훅! 뱉고 돌아오는 소리에 −dom to까지 처리하고 다시 **create**에서 훅! 뱉어주세요.

to **chal**lenge authority **fear**lessly.

이 의미단위는 to를 제외하고 다 내용어입니다. 보통 내용어 3개가 연달아 나올 때, 중간 단어의 소리를 뱉지 않고 앞뒤 단어들만 뱉어주곤 합니다. **chal**에서 훅! 뱉고 나오는 소리에 −lenge authority까지 처리해줍니다. 하지만 뱉지 않아도 내용어는 정확한 소리를 들려주죠. 그리고 다시 **fear**lessly의 강세인 **fear**에 훅! 뱉어주세요.

자, 이제 소리튜닝 반복 훈련을 시작해볼까요?

외국인으로서
이만큼 하면 많이 하는 거죠!

한 번에 못 알아들으면 우리는 소심해지고 '더 이상 얘기하지 말아야겠
다' 이렇게 생각하죠.
하지만 당당하게 얘기하세요. '뭐? 다시 얘기해줘. 나 못 알아들었어. 좀
천천히 얘기해줘.' 못 알아들었는데 괜히 알아들은 척 하지 말고요.

'Sorry, Can you tell me again?'

우리가 외국인으로서 이 정도 해주면 됐잖아요. 당당함을 가지고 가셨으
면 좋겠어요. 그래야 실수에 대한 두려움이 없어집니다.

① **All** of us **here** are **di**fferent **peo**ple,

② but we **have** something quite **ra**dical in **com**mon.

③ We **have** the **free**dom to be **ar**tists,

④ the **free**dom to **create**,

to **challenge** au**tho**rity **fear**lessly.

TIP　완전히 외울 때까지 발음하면서 Writing도 반복하세요!

훈련 체크 ☐☐☐☐☐☐☐☐☐☐

Part 4 한-영 훈련

①여기 있는 우리 모두는 다 다른 사람들이죠.

②그러나 우리는 꽤 근본적인 공통점을 갖고 있어요.

③우리는 예술가가 될 수 있는 자유가 있어요.

④창조할 수 있는 자유, 겁 없이 권위에 도전할 자유가 있어요.

TIP　소리튜닝 배운 대로 하루 동안 틈나는 대로 무한 반복해서 외우세요! 한글을 보면서 영어문장이 자동적으로 떠오를 때까지.

훈련 체크 ☐☐☐☐☐☐☐☐☐☐

Part 5 표현 저널 쓰기 Expression journal

have (something) in common

성격, 취미, 의견을 누군가와 공유하다, 공통점이 있다
share characteristics, interests, opinions
with someone

> I have a lot in common with my friend so it's relaxing to
> spend time with her.
> 나 걔랑 시간 보내는 거 너무 편해. 왜냐하면 우리는 공통점이 많거든.
> We have one thing in common. 우리에게는 한가지 공통점이 있다.
> 이런 표현은 나중에 오픽 같은 것 시험 보셔도 정말 좋습니다. 예를 들어서 친
> 구에 대해서 묘사해보라는 시험 문제가 나오면, 너무 좋죠.

1. Well, we have one thing in common,
   we both hate broccoli.
   (우리는 한 가지 공통점이 있어, 둘 다 브로콜리를 싫어해.)

2. Mom and dad have a lot in common.
   I can see why they like each other.
   (엄마와 아빠는 공통점이 많아. 왜 서로 좋아하시는지 알겠어.)

3.

4.

5.

Day 87 We have something radical in common   **183**

안젤리나 졸리가 이 스피치에서 다양성과 평등에 대한 얘기를 합니다.

스피치를 통해서 우리는 이 사람이 어떤 삶을 사는지에 대해 조금 볼 필요도 있는 것 같아요. 정말 안젤리나 졸리는 생긴 것도 비범한데 하는 행동도 포스가 있는 것 같아요.

안젤리나 졸리의 영어를 따라하고 싶은 분들은 따라하면 너무 좋죠. 섹시한 소리이기도 한데 지적인 느낌도 들죠.
하지만 또 여유가 있죠. 안젤리나 졸리가 대화하는 걸 들어보면 그렇게 빠른 편이 아니에요. 그래서 안젤리나 졸리의 소리를 빙의하시는 것도 괜찮습니다.

이 영상 후 다음에 나오는 내용이 예측이 가능하시죠? 무슨 얘기를 할 것 같아요? 하지만 지구 반대편 어딘가에서는 우리가 당연하다고 생각하는 자유를 가지고 있지 않은 사람들이 있을 겁니다.

All of us here are different people, but we have something quite radical in common. We have the freedom to be artists, the freedom to create, to challenge authority fearlessly, to laugh at power and make other laugh with us the right to speak truth as we see it. We all know women in our lives who are never able to live their creative dreams. because they had to put their famillies first who poured their creative work into homework assignments and birthday parties I think of own mom. And we all know that our industry lacks diversity and equality and that there is so much that we have to change and fight for. But we have a level of freedom that is unmaginable for millions of other women around the world women who live with conflict and terrorism and displacement and poverty who never get a chance.

You got to take it on the chin
참고 견뎌내야죠

영국의 방송사 BBC가 2015년 4월 19일, 캐나다의 영화배우 라이언 고슬링을 인터뷰 했습니다. 당시 그의 감독 데뷔작인 〈로스트 리버(Lost River)〉를 준비하고 있었을 때라 배우와 감독의 차이는 어떤지를 중심으로 이야기가 진행됩니다.

Part 1　오늘의 예습 Today's Preview

🎧 MP3 파일 듣기

① 'Cause when you're an actor, you can,
② and people don't like the movie,
③ you just go like, "I didn't direct it,
④ I didn't write it, not my fault."
⑤ But when you direct it,
⑥ you got to take it on the chin.

① 왜냐하면 당신이 배우이고,
② 사람들이 그 영화를 좋아하지 않으면
③ 당신은 그냥 이럴 거예요. "내가 감독한 게 아냐.
④ 내가 쓴 거 아냐, 내 잘못 아냐."
⑤ 하지만 당신이 감독을 하면,
⑥ 참고 견뎌내야죠.

단어와 표현

＊ **direct** [dirékt 디**렉**ㅌ]　명사: ① 직접적인　② 직행의　③ 정확한
　동사: ① ~로 향하다　② 지휘하다, 총괄하다, 감독하다　③ 안내하다
＊ **fault** [fɔːlt **펄**ㅌ]　단점, 결점
＊ **chin** [tʃin **췬**]　턱

① 'Cause when you're an **ac**tor, you can,
   d   d   d   d d **D**   d   d

② and **peo**ple **don't like** the **mo**vie,
  d   **D**   **D**   **D'** d   **D**

③ you just **go** like, "I **didn't** di**rect** it,
  d   d   **D** **D** d   d   **D**   **D'** d

④ I **didn't write** it, **not** my **fault**."
  d **D**   **D'** d **D** d   **D**

⑤ But when you di**rect** it,
  d   d   d   **D**   d

⑥ you **got** to **take** it on the **chin**.
  d **D'** d **D**   d   d   d   **D**

Main Sentence

You **got** to **take** it on the **chin**.
d **D'** d **D**   d   d   d **D**

---

take on the chin 하면 chin이 턱이잖아요. 그것을 턱으로 받아들이는 거예요. 턱으로 맞아버리는 거예요. 그래서 이건 사실 권투하는 장면을 보고서 나왔다고 하거든요. 보통 권투하시는 분들은 턱을 맞아도 참죠. '참고 견디다.'라는 뜻을 가지고 있습니다. 거기서 나온 표현이라고 합니다.

① 'Cause when you're an **ac**tor, you can,
　 d　　　d　　　d　　d　　d　　**D**　　d　　d

'Cause when you're an까지 기능어죠. 힘이 들어가는 게 전혀 없어요. 여기까

지 빠르고 편하게 나오게 연습하세요.

actor의 강세 **ac**에서 훅! 하고 뱉어요. 그리고 올라오는 소리에 you can까지 처

리합니다. **ac**tor를 빼면 다 기능어라서 언뜻 들었을 때 **ac**tor만 들려요.

② and **peo**ple **don't like** the **mo**vie,
　 d　　　**D**　　　**D**　　**D'**　d　　**D**

and는 거의 '은' 정도밖에 들리지 않습니다.

people **don't** like 이렇게 내용어가 뭉쳐 있을 경우 다 같은 힘으로 뱉을 수가

없어요. 세 단어 중 어디에다 뱉어줄지는 본인이 결정합니다.

영상에서는 **peo**ple에 조금 더 훅 하고 갔어요. 강세 **peo**에서 훅! 뱉고 들어오는

소리에 don't like the까지 처리해줍니다. 하지만 don't와 like도 어쨌든 내용어

이므로 정확한 강세와 발음으로 소리 냅니다.

그리고 다시 한 번 **mo**vie의 강세 **mo**에 훅! 뱉어줍니다.

③ you just **go** like, "I **didn't** di**rect** it,
　 d　　d　　**D**　d　　d　　**D**　　**D'**　d

you just **go** like. 이 다음에 따옴표가 나오는 거죠. 리듬은 d d D d입니다. **go**

에만 훅! 뱉어주면 되죠. 먼저 you just가 편하게 나오게 연습합니다. ju**st g**o 자

음 3개가 뭉쳐 있는 경우 편하게 소리내기 위해 'jus(t) **go**' 이렇게 소리 냅니다. **go**

에 뱉고 돌아오는 소리에 like 처리합니다.

I **didn't** direct it. didn't와 direct가 내용어입니다. 둘 중 어느 쪽에 뱉어도 괜

찹습니다.

영상에서는 **didn't**에 훅! 뱉고 돌아오는 소리에 direct it. 처리했어요.

direct도 중요한 정보의 단어이니 정확한 강세와 발음으로 소리 냅니다. '디! 렉! 트!' 이렇게 하지 않아요. 강세가 **rect**에 있어서 d D 리듬입니다. '디**렉**트' 이런 느낌으로 소리 냅니다.

direct it. t 다음에 모음 i니까 이어지죠. 그래서 'di**rect**it.' 이렇게 한 단어처럼 처리하세요.

④ I **didn't write** it, **not** my **fault**."
d D   D' d D d   D

I **didn't** write it. 이 의미단위에서 내용어는 didn't과 write이죠. 일단 내용어 단어들을 정확한 강세, 발성, 발음으로 연습합니다. 그런데 두 단어가 바로 붙어 있어서 둘 다 훅! 뱉으면 힘들죠.

영상에서는 **didn't**에 훅! 뱉어줬어요. 뱉지 않는 내용어는 정확한 강세, 발음으로 상대 귀에 꽂아줍니다.

didn't에 훅! 뱉고 돌아오는 소리에 write it까지 처리합니다. write는 이때 w는 묵음입니다. 그래서 r 소리가 나오셔야 돼요. write it 아닙니다. 역시 t 다음에 i니까 붙어서 'writ(e)it' 이렇게 소리 냅니다.

not my **fault**. 내용어는 not 그리고 fault죠. 먼저 발성, 발음, 강세를 생각해서 내용어 단어부터 연습해보세요.

fault의 발음기호 [fɔːlt]를 보면 au가 [ɔː] 하고 소리 하나로 나옵니다. '파울트'가 아니라 '펄트' 정도로 해줍니다. 이때 f는 윗니가 아랫입술을 물고 터지면서 소리 내주세요. [ɔ] 소리는 턱을 밑으로 툭 떨어뜨리면서 한국어로 '어' 하듯이 소리 냅니다.

not my 역시 t 소리 다음에 자음 m이 오니까 not 다음에 호흡을 살짝 끊어주세요. 리듬은 D d D입니다. 리듬 연습하고 영어 대입해보세요.

재! 이제 이어서 소리내볼게요.
I **didn't** write it, **not** my **fault**.

⑤ But when you di**rect** it,
     d   d   d   D d

But when you. 여기까지 다 기능어죠. 입에 긴장이 들어가지 않고 편하게 나올
수 있게 먼저 연습합니다.

이제 편해졌으면 di**rect**의 강세인 **rect**에서 훅! 뱉어주세요.
주의해야 할 점이 있어요. 내용어에서 뱉어야겠다고 생각해서 But when you하
고 쉬었다가 di**rect** 훅! 뱉는 분들이 많아요. d d d D리듬으로 한 단어처럼 다 이
어지게 합니다. **rect**에 뱉고 돌아오는 소리에 it 처리합니다.

⑥ you **got** to **take** it on the **chin**.
    d D' d   D   d   d   D

you got to. got to = have to = have got to입니다. '∼해야만 한다'죠. got
to를 줄여서 gotta 이렇게 빠르게 편하게 소리 낼 수 있어요. 보통 편한 자리에서
gotta로 줄여서 말합니다. 영상에서는 gotta 느낌으로 빠르게 처리했어요.

take it on the **chin**. 뭐만 들려주면 돼요? take, chin만 들려주면 되겠죠.
take에서 훅! 뱉고 돌아오는 소리에 it on the까지 처리합니다. 그리고 다시 **chin**
에서 훅! 뱉어줍니다.
D d d d D 리듬을 먼저 연습하고 영어를 대입합니다. 표현 같은 경우 그냥 딱딱하
게 외우는 것보다 이렇게 리듬으로 기억해놓으면 훨씬 기억이 잘 됩니다.

뒤에 사회자가 뭐라고 얘기하냐면요. '잘 견디니?' 이렇게 물어봅니다. 우리가 배웠던 대표문장이 나와요. '참고 견디는 것 잘해?' 영어로 뭐라고 한다고 했죠? Are you good at. at이 전치사니까 뒤에 ing 와야겠죠. good at이 하나의 블록입니다. 그리고 또 take it on the chin도 배웠죠? 이것도 바로 블럭이에요. 실전으로 가볼까요? '나 참고 견디는 것 잘해.' 어떻게 응용할까요? 2개 붙이면 되죠. I am good at / taking it on the chin. 그래서 모든 의미는 가능한 한 블럭 단위로 기억을 해두셔야 합니다. 그러면 블럭만 바꿔주시면 되는 거죠. 이렇게 의미단위씩 기억해놨다가 하나씩 바꿔서 끼워주는 연습을 많이 하면 영어가 점점 길어집니다.

자, 이제 소리튜닝 반복 훈련을 시작해볼까요?

① 'Cause when you're an **ac**tor, you can,

② and **people don't like** the **mo**vie,

③ you just **go** like, "I **didn't** di**rect** it,

④ I **didn't write** it, **not** my **fault**."

⑤ But when you di**rect** it,

⑥ you **got** to **take** it on the **chin**.

TIP 완전히 외울 때까지 발음하면서 Writing도 반복하세요!

훈련 체크 ☐☐☐☐☐☐☐☐☐☐

Part 4 한–영 훈련

① 왜냐하면 당신이 배우이고,

② 사람들이 그 영화를 좋아하지 않으면

③ 당신은 그냥 이럴 거예요. "내가 감독한 게 아냐.

④ 내가 쓴 거 아냐, 내 잘못 아냐."

⑤ 하지만 당신이 감독을 하면,

⑥ 참고 견뎌내야죠.

훈련 체크 ☐☐☐☐☐☐☐☐☐☐

take it on the chin

고통 등을 참다, 견디다
to accept unpleasant events bravely

> 직역하면 '턱을 얻어맞다'입니다. 권투에서 턱을 얻어맞고 참고 견디는 모습에서
> 나온 표현입니다. 그래서 '고통이나 벌을 참아내다'라는 말로 의미가 확장됩니다.

1. My son didn't cry when he fell off his bike,
   he took it on the chin.
   (아들이 자전거에서 넘어졌을 때 울지 않고 참아 냈어.)

2. You have to accept negativity
   and take it on the chin.
   (비판을 받아들이고 참고 견뎌야 한다.)

3.

4.

5.

Day 89
대표문장

Manage your mind!
당신의 마음을 관리하세요!

미국의 영화배우 윌 스미스가 2018년 3월 8일, 자신의 유튜브 채널에 바다에 대한 공포를 극복한 경험을 공유했습니다. 어떤 어려운 상황이 닥쳐도 문제는 자신의 마음이라는 이야기를 하네요.

Part 1   오늘의 예습 Today's Preview

🎧 MP3 파일 듣기

① The question isn't "Can you handle the situation?"
② The question is "Can you handle your mind?"
③ Can you manage the thoughts and the emotions that are trying to poison your progress?
④ Forget managing the situation!
   Manage your mind!

① 문제는 "당신이 상황을 해결할 수 있는가?"가 아닙니다.
② 문제는 "당신이 스스로의 마음을 관리할 수 있는가?"입니다.
③ 당신의 성장을 해치는 생각과 감정을 관리할 수 있습니까?
④ 상황을 해결하려고 하지 마세요! 당신의 마음을 관리하세요!

단어와 표현

* **handle** [hǽndl 핸들]   명사: 손잡이, 핸들   동사: ① …에 손을 대다, (손으로) 다루다, 사용하다, 조종하다. ② 취급하다, 처리하다; (문제를) 논하다.
* **emotion** [ɪˈmoʊʃn 이모우션]   감정, 정서
* **poison** [ˈpɔɪzn 포이즌]
  명사: 독, 독약   동사: ① 독살하다 ② 오염시키다 ③ 해치다
* **progress**   명사: [ˈprɑʊɡres 프라그레스]   진전, 진행
  동사: [prəˈɡres 프러그레스]   진행하다, 나아가다

① The **que**stion **isn't**
   d   D   D

"Can you **han**dle the situ**a**tion?"
 d   d   D   d   D

② The **que**stion is "Can you **han**dle your **mind**?"
   d   D   d   d   d   D   d   D

③ Can you **ma**nage the **thoughts**
   d   d   D   d   D

and the e**mo**tions that are **try**ing
 d   d   D   d   d   D

to **po**ison your **pro**gress?
 d   D   d   D

④ For**get** **ma**naging the situ**a**tion!
    D   D   d   D

Manage your **mind**!
  D   d   D

Main Sentence

Manage your **mind**!
  D   d   D

예전에 manage라는 단어를 배운 적이 있어요. 그때는 '힘든 것을 해낸다.'라는 의미로 썼었잖아요. 그런데 여기서는 그런 의미보다 '뭔가를 다루다.'라는 뜻을 가지고 있어요. 그래서 deal with, handle 정도의 단어로 쓰일 수 있는 단어입니다.

<u>For**get** ma</u>naging의 강세는 get에 있어요. d D 리듬입니다.
manage는 m으로 시작하고 이 문장에서 가장 강조해서 훅! 던져줬어요. 그럴수록 정확한 음소단위를 살려주면 명료하게 소리가 잘 들립니다. m은 비음이니 '음' 했다가 소리를 내주면 입술에 힘이 들어가서 더 명료하게 강조하는 느낌이 들어요. '매니지' 이렇게 힘없이 나가는 소리가 아니에요.
Forget과 managing을 이어주기 위해서 둘 중에 하나에만 나갔어요. For**get**도 어느 정도 훅! 뱉어줬지만 **ma**naging의 강세 **ma**에서 가장 세게 훅! 던져줬어요. For**ge**t **m**anaging을 보면 t로 끝나고 m 자음으로 시작하죠. 호흡을 끊어줍니다. 살짝 끊어지는 느낌을 살려주세요.

<u>the situ**a**tion</u>. situ**a**tion은 우리도 평소에 많이 쓰는 말이죠. '시츄에이션' 이렇게 썼던 버릇이 있기 때문에 영어에서 말할 때도 이렇게 소리가 나올 수 있어요. 항상 주의합니다. situ**a**tion의 강세는 **a**에 있어요. situ가 **a**한테 달려간다는 느낌으로 상대의 귀에 **a** 소리를 꽂아주겠다고 생각하세요. situ**a**— 하면서 **a**한테 달려가서 situ**a**tion 해주세요.

<u>**Ma**nage your **mind**</u>. D d D 리듬입니다. Manage과 mind가 이 의미단위에서 내용어죠. 둘 다 m으로 시작하네요. 음소단위 m 소리, 비음 체크해서 제대로 해줍니다.

① The **que**stion **isn't** "Can you **han**dle the situa**tion?**"
　d　　　D　　　D　　　d　　d　　D　　　d　　D

The **que**stion **isn't**.

question의 qu 소리 어떻게 한다고 했죠? '쿠'로 시작한다고 했어요. 그래서 '쿠에 스천'으로 소리 내주세요.

isn't. 부정어니까 힘 들어가죠.

Can you **han**dle the situa**tion?** 리듬감이 느껴지시죠. 이 문장의 리듬은 d d D d D입니다. 가장 중요한 정보가 handle과 situation이죠. 두 단어만 제대로 들려주면 됩니다.

handle은 h 소리에 주의해서 훅! 뱉고 돌아오는 소리에 -dle the situ까지 처리합니다. 그리고 다시 **a**에서 훅! 뱉고 돌아오는 소리에 tion 처리해주세요.

② The **que**stion is "Can you **han**dle your **mind**?"
　　d　　　D　　d　　d　d　　D　　d　　D

The **que**stion is. d D d 리듬입니다. questio**n is**는 자음 끝 + 모음시작 구조죠. 한 단어처럼 이어서 '**que**stionis' 마치 **que**에 강세가 있는 한 단어라는 느낌으로 소리 냅니다.

Can you **han**dle your **mind**? d d D d D. 빨리 하고 싶으시면 d d D d D 를 빨리할 수 있도록 연습하세요. 처음에는 느리게 하다가 리듬이 익숙해지면 빠르게 가는 거예요.

③ Can you **ma**nage the **thoughts** and the e**mo**tions
   d   d   D   D   d   D   d   d   D

that are **try**ing to **poi**son your **pro**gress?
   d   d   D   D   D   d   D

<u>Can you **ma**nage the **thoughts**</u>. 이 의미단위에서 내용어는 manage와 thoughts입니다. 이 두 단어만 상대 귀에 들리면 됩니다.
thought 소리는 항상 주의하세요. [θɔːt] 발음기호를 보면 thought의 ou를 '오우'라고 생각해서 '쏘우ㅌ' 이렇게 하지 않습니다. ou는 [ɔ] 이렇게 한 단어로 처리합니다.
리듬은 d d D d D입니다. 리듬 먼저 연습하고 편해지면 영어 대입해봅니다.

<u>and the e**mo**tions</u>. 앞 단어인 **thoughts**에서 훅! 던지고 돌아오는 소리에 and the e―까지 처리하고 다시 **mo**에서 훅! 뱉습니다.
emotion에서 o는 '오우' 소리입니다. 이 의미단위의 리듬만 생각하면 d d D 하는 단순한 리듬입니다.

<u>that are **try**ing to **poi**son your **pro**gress?</u>
앞 단어 e**mo**tions의 강세 **mo**에서 던지고 돌아오는 소리에 that are 처리합니다. 그리고 다시 **try**에서 뱉고 돌아오는 소리에 ―ing to까지 처리하죠. 다음에 **poi**son의 강세 **po**에서 뱉고 돌아오는 소리에 ―ison your 처리하고 **pro**에서 훅! 뱉고 돌아오는 소리에 ―gress 처리합니다.

영어는 아무리 길어도 뱉고 돌아오고, 뱉고 돌아오고의 연속입니다. 이렇게 하기 때문에 아무리 길어도 호흡을 끊지 않고 계속 말할 수 있는 거예요. 그래서 영어 말하기에서 가장 중요한 것은 발성과 호흡이에요.

<u>**try**ing</u>에서 tr 구조는 '츄' 소리를 내면 입에서 소리내기 조금 편합니다.

④ Forget managing the situation!
   D   **D**   d   **D**

Manage your mind!
   D   d   **D**

Forget managing the situation! Manage your mind!

내용어 단어들만 조합해보면 의미파악이 바로 됩니다. 효율 영어예요. 스피킹에 자신 없다면, 문법을 잘 모른다면, 그래도 영어를 잘 하고 싶다면 내용어를 잡으세요. 보통 문법과 관련이 큰 건 내용어가 아니라 기능어입니다. 내용어를 발성, 강세, 발음 생각 해서 말하는 연습을 하세요!

자, 이제 소리튜닝 반복 훈련을 시작해볼까요?

🎧 MP3 파일 듣기

① The **que**stion **isn't** "Can you **han**dle the situ**a**tion?"
② The **que**stion is "Can you **han**dle your **mind**?"
③ Can you **ma**nage the **thoughts** and the e**mo**tions
   that are **try**ing to **po**ison your **pro**gress?
④ For**get ma**naging the situ**a**tion!
   Manage your **mind**!

TIP   완전히 외울 때까지 발음하면서 Writing도 반복하세요!

훈련 체크 ☐☐☐☐☐☐☐☐☐☐

① 문제는 "당신이 상황을 해결할 수 있는가?"가 아닙니다.
② 문제는 "당신이 스스로의 마음을 관리할 수 있는가?"입니다.
③ 당신의 성장을 해치는 생각과 감정을 관리할 수 있습니까?
④ 상황을 해결하려고 하지 마세요! 당신의 마음을 관리하세요!

TIP   소리튜닝 배운 대로 하루 동안 틈나는 대로 무한 반복해서 외우세요! 한글을 보면서 영
어문장이 자동적으로 떠오를 때까지.

훈련 체크 ☐☐☐☐☐☐☐☐☐☐

Part 5

표현 저널 쓰기 Expression journal

manage

처리하다, 다루다, 관리하다
to handle or direct with a degree of skill

> 앞서 이 단어가 '어려운 걸 겨우 해내다.'라는 뜻이 있음을 알아봤습니다. 이번에 또 다른 뜻인 '처리하다, 다루다, 관리하다'를 알아봅니다.

1. I can't manage their child.
   (그들의 아이들을 못 다루겠어.)
2. Can you give me some advice
   on how to manage my time better?
   (시간을 좀 더 잘 관리하는 방법에 대한 조언 좀 주시겠어요?)
3. You need to understand
   how to manage your e-mail.
   (당신은 이메일 관리하는 법을 이해해야 합니다.)
4.

5.

Don't even bother trying
노력조차 하지 마세요

마크 저커버그에게 누군가 '회사를 세울 때 어떻게 하면 실수를 줄일까요?'라고 물었습니다. 그에 대한 답변입니다. 저커버그의 말은 빠른 편인데도 명료합니다.

Part 1 오늘의 예습 Today's Preview

🎧 MP3 파일 듣기

① My answer to the question is...

② don't even bother trying to avoid mistakes.

③ Because you're going to make tons of mistakes.

④ And the important thing is actually
learning quickly from whatever
mistakes you make and not giving up.

① 그 질문에 대한 저의 대답은요.

② 실수를 하지 않으려는 노력조차 하지 마세요.

③ 왜냐하면 아마 엄청난 실수를 할 거거든요.

④ 중요한 건 실수로부터 빠르게 배우고 포기하지 않는 겁니다.

단어와 표현

* **bother** [báðər **바**덜] ① …을 괴롭히다, …을 귀찮게 하다, 성가시게 하다 ② 애쓰다
* **avoid** [əvɔ́id 어**보**이드] 피하다, 회피하다
* **mistake** [mistéik 미스**테**이ㅋ]
   명사: 잘못, 틀림; 실수   동사: 오해하다, 잘못 판단하다
* **ton** [tʌn **톤**] ① 톤(무게의 단위) ② (비격식) 아주 많음 * tons of: 많은
* **important** [impɔ́ːrtənt 임**폴**/은티] ① 중요한, 의의 있는 ② 유력한, 저명한
* **give up** 포기하다

① **My an**swer to the **que**stion is...
  d   **D'**   d   d   **D**   d

② **don't even bo**ther **try**ing to a**voi**d mis**tak**es.
  D   **D'**   **D**   **D**   d **D'**   **D**

③ Because you're going to **make**
    d   d   d   d   d   **D'**

    tons of mis**tak**es.
    D   d   **D**

④ And the im**por**tant **thing** is **ac**tually
   d   d   **D**   **D'** d   **D**

    learning **qui**ckly from whatever
    D'   **D**   d   d

    mis**tak**es you **make** and **not gi**ving **up**.
    D   d   **D**   d   **D**   **D'** d

Main Sentence
Don't even bother **try**ing to a**voi**d mis**tak**es. **D**   **D'**   **D**   **D** d **D'**   **D**

bother 때문에 가져온 대표문장이에요. '괴롭히다.' 그런 뜻도 있지만 두
가지 뜻으로 많이 쓰는 편이에요. '애쓰다.'라는 표현이 좀 더 잘 어울립니
다. Don't even bother. '애쓰려고도 하지마.'

Don't even bother 다음에 동사를 쓰고 싶으면 ing, 동명사의 형태로 씁니다. Don't even bother trying to avoid mistakes. '실수를 하지 않으려는 노력 조차 하지 마세요.'

① **My an**swer to the **que**stion is...
    d   D'   d   d   D   d

My answer. my는 기능어라서 원래 힘이 들어가지 않고, 내용어인 answer의 강세 an에 힘이 들어가야 하는데 이 영상에서는 my에 훅! 뱉고 돌아오는 소리에 answer를 처리했어요. 질문에 대한 '내' 대답임을 강조하고 싶었던 거죠. **My**에 훅! 뱉고 돌아오는 소리에 answer to the까지 다 처리합니다.

question의 강세인 **que**에 훅! 뱉고 돌아오는 소리에 −estion is까지 처리합니다. qu 소리 어떻게 한다고 했죠? 항상 '쿠'로 시작한다고 했죠. 그래서 '쿠에스쳔'이에요. '퀘스쳔' 아닙니다.

음소단위	th (유성음일 때)

th 같은 경우에 보통 돼지꼬리 소리. 유성음 소리일 때는 혀가 입밖으로 나올 시간이 없다고 했죠. 보통 그래서 앞니의 뒷부분을 살짝 쳐주고 끝나는 느낌이에요.

② **don't even bo**ther **try**ing to a**voi**d mis**tak**es.
    D   D'   D   D   d   D'   D

우리 대표문장입니다.

don't even **bo**ther. 세 단어 다 내용어입니다. 어디에다 힘을 줘도 괜찮습니다. 화자가 결정해주는 거예요. 영상에서는 Don't과 bother에 훅! 훅! 뱉었습니다. 그런데 내용어들 사이에서도 힘의 세기를 다르게 해야 자연스럽게 들립니다. 둘 다 똑같이 힘 주면 어색해요. don't에 내가 힘을 줄지 bother에 힘을 줄지 여러분이 결정하는 거예요. 영상에서는 **don't**에 **bo**ther보다 더 세게 훅! 던졌어요.

trying to avoid mis**tak**es. 이 의미단위의 내용어는 trying, avoid, mistakes이죠. 이 단어들만 봐도 무슨 말인지 이해가 가죠. 어디에다 훅! 뱉을지 결정을 해줘야 합니다. 영상에서는 **try**ing과 mis**tak**es에 던져 줬어요. 그렇다고 avoid가 기능어가 되는 건 아닙니다. 강세, 발음을 정확하게 해줍니다.

③ Because you're going to **make tons** of mis**tak**es.
    d   d   d   d   d   D'   D   d   D

Because you are going to에 힘 들어가지 않죠. 다 기능어예요.
이렇게 기능어가 문장에 많을 때 보통 원어민들의 말이 뭉개게 들립니다. 일단 기능어는 먼저 또박또박 다 발음해보고, 점점 입을 줄이고, 긴장을 줄여서 한 단어처럼 나오도록 편하고 빠르게 연습합니다.
going to는 gonna 이렇게 줄여서 소리 납니다.

make **tons** of mis**tak**es. 이 의미단위에서 내용어는 make, tons, mistakes입니다. 기본적으로 전부 뱉어줘도 되는 단어들입니다. 결정해주세요. 그런데 **tons**는 '수 톤'이라는 뜻으로 '어떤 것의 양이 수 톤이나 됐다'는 표현에 씁니다. 강조하기 위한 단어입니다. 그래서 이 단어는 보통 훅! 뱉어줍니다.
make나 mis**tak**es의 강세들도 정도의 차이는 있지만 훅! 뱉어줬어요.

Because you going to / make **tons** of mis**tak**es.
의미단위마다 좀 편해 졌으면 이어서 소리 내봅니다.

④ And the im**por**tant **thing** is **ac**tually
 d   d   D   D   D' d   D

learning **qui**ckly from whatever
  D'   D   d   d

mis**tak**es you **make** and **not gi**ving **up**.
  D   d   D   d   D   D'   d

And the im**por**tant thing is.
im**por**tant의 단어는 소리를 주의합니다. 앞서 강의에서 다룬 적이 있어요.
im**por**tant는 '임폴 / 은트' 이렇게 소리 내주세요.
im**por**tant의 강세 **por**에서 훅! 뱉고 돌아오는 소리에 <u>thing is</u>까지 처리합니다.

소리규칙　　t-n 구조의 단어

t-n 구조 단어는 t에서 호흡을 살짝 끊어주면서 소리 냅니다.

button (번/은), fountain(파운/은), certain(썰/은)

---

actually learning **qui**ckly.
이 의미단위는 다 내용어로 구성되어 있어요. 어디든 뱉어줄 수 있습니다. 어디에 던
지냐에 따라 느낌이 조금씩 달라집니다. 영상에서는 **ac**tually와 **qui**ckly에 훅! 훅!
던졌습니다. 하지만 이 문장에서 가장 중요한 단어인 learning은 명료하게 잘 들려
줘야 합니다.
actually에 강세인 **ac**에서 a는 apple 할 때 a입니다. 입을 최대한 인위적으로
크게 벌리고 뱉어 줍니다. **ac**에서 훅! 뱉고 돌아오는 소리에 -tually learning까
지 처리하고 다시 **qui**에서 훅! 뱉어줍니다. **qui**ckly는 주의해주세요 '퀵클리' 아니
라 '쿠익클리' 하는 느낌으로 소리 냅니다.

from whatever mis**tak**es you **make**. 내용어는 mistakes와 make입니
다. d d D d D 먼저 리듬 연습할게요. 리듬이 익숙해졌으면 영어를 대입해볼게요.

처음에는 좀 어색하게 나올 거예요. 10번 정도 반복하면 점점 자연스러운 소리로 나오기 시작합니다.

구조는 from whatever mis**tak**es / you **make**입니다. '당신이 저지르는 무슨 실수든, 그것으로부터 빨리 배우는 것!' 이렇게 해석이 가능합니다. 해석이 잘 안 될 때는 쓸데없어 보이는 단어들을 지우고 해석해보세요. 이 문장도 you **make**를 지우면 from whatever mis**tak**es만 남죠. 그럼 구조가 간단해지고 전달하고자 하는 의미를 파악하는 데 좋아요.

and **not** giving **up**. 이 문장에서 내용어는 not과 giving up이죠. give **up**은 이어동사이므로 'giving**up**' 이렇게 강세가 up에 있는 한 단어처럼 느껴지게 소리냅니다. no**t g**iving 이렇게 t 다음에 자음 g 나오니까 호흡을 살짝 끊어줍니다.

자, 이제 소리튜닝 반복 훈련을 시작해볼까요?

Part 3 　소리 반복훈련

① **My an**swer to the **que**stion is...

② **don't even bo**ther **try**ing to a**voi**d mis**tak**es.

③ Because you're going to **make tons** of mis**tak**es.

④ And the im**por**tant **thing** is **ac**tually
   learning **qui**ckly from whatever
   mis**tak**es you **make** and **not gi**ving **up**.

> **TIP**　완전히 외울 때까지 발음하면서 Writing도 반복하세요!

훈련 체크　☐☐☐☐☐☐☐☐☐☐

Part 4 　한–영 훈련

①그 질문에 대한 저의 대답은요,

②실수를 하지 않으려는 노력조차 하지 마세요.

③왜냐하면 아마 엄청난 실수를 할 거거든요.

④중요한 건 실수로부터 빠르게 배우고 포기하지 않는 겁니다.

> **TIP**　소리튜닝 배운 대로 하루 동안 틈나는 대로 무한 반복해서 외우세요! 한글을 보면서 영
> 어문장이 자동적으로 떠오를 때까지.

훈련 체크　☐☐☐☐☐☐☐☐☐☐

bother

① 애쓰다
to make the effort to do something

② 괴롭히다, 화나게 하다
to make someone upset, to annoy

1. Don't bother me when I'm working.
   (내가 일할 때 괴롭히지 마.)
2. I'm sorry to bother you, but could you help me?
   (귀찮게 해서 죄송한데요, 좀 도와주시겠어요?)
3. Why bother getting up at all
   when you don't have a job to go to?
   (일하러 갈 필요도 없는데 왜 일찍 일어나요?)
4.

5.

Day 91
대표문장

Are you gonna burn out?
지치지 않겠어요?

빌 게이츠가 1984년 미국 NBC 방송사의 〈투데이 쇼(Today show)〉에 출연했을 당시의 영상입니다. 무려 30년 전입니다. 28살 때 빌 게이츠는 이미 백만장자였죠. 그는 그때의 압박감과 두려움을 어떻게 견뎠을까요?

Part 1 | 오늘의 예습 Today's Preview

① At the age of 28 in the field of work
   where burnout is common.
② Are you gonna burn out before year 30?
③ No.
④ How do you know?

① 28살에 당신은 지치기 쉬운 직업군에 있잖아요.
② 30살 전에 지치지 않겠어요?
③ 아뇨.
④ 어떻게 알죠?

단어와 표현

* **age** [eidʒ **에**이쥐] 나이, 연령
* **field** [fiːld **피**얼드] ① 들판, 밭 ②~장 ③ 지역 ④ 분야
* **burn out** [ˈbɜːrn- 버**나**웃]
   에너지를 소진하다 (소진하게 만들다)

210

① At the **age** of **28** in the **field** of **work**
d　d　D　D d D d　d　D　D d　D

where **burn**out is **co**mmon.
d　　　D　　d　　D

② Are you gonna **burn out** before **year** 30?
d　d　　d　　D'　d　　d　　D' D

③ **No**.
D

④ How do you **know**?
d　d　d　　D

Main Sentence

Are you gonna **burn out**?
d　d　　d　　D'　d

사람한테 burn out을 쓰면 정신적, 육체적으로 완전히 퍼진 상태예요.
스트레스라든지 육체적으로 너무 힘든 일을 했을 때 burn out이라는 말
을 쓸 수 있는 거예요. '나 완전 지쳤어. 나가 떨어졌어.' 정신적, 육체적으
로 에너지가 소진됐을 때 할 수 있는 말이에요.

① At the **age** of **28** in the **field** of **work**
d　d　D　D d D d　d　D　D d　D

where **burn**out is **co**mmon.
d　　　D　　d　　D

At the **age** of **28**. '몇 살에'라고 표현할 때 쓸 수 있는 표현이 나왔네요. 내용어는 age와 28이죠. age에 그냥 단순히 '에이지' 이렇게 편하게 나오는 소리가 아니에요. j 사운드는 t 소리처럼 혀끝을 치경에 대었다가 떼면서 숨이 터지는 소리여서 편하게 나오지 않습니다.

age는 끝 소리 g가 j 소리인 경우입니다. 뒤에 자음끝 + 모음시작인 구조여서 'ag(e) of' 이렇게 이어져서 소리 냅니다. 그러면 훨씬 편하고 정확하게 소리 낼 수 있어요.

의미단위 리듬은 d d D d D이죠. 연습하시고 여러분 나이도 넣어보세요.

in the **field** of **work**. 먼저 in the 기능어가 편하고 빠르게 나오게 연습합니다. 그리고 field에서 훅! 뱉어줄게요. field는 끝에 dark l이 있어서 '얼' 소리를 넣어줍니다. 그러면 '필드'가 아니라 '피얼드' 하는 느낌입니다. f의 정확한 소리를 위해 윗니가 아랫입술을 살짝 물었다가 터져주세요. fiel**d of**는 d 다음에 o가 붙죠. 자음끝 + 모음시작 구조예요. 그러면 '**fiel**dof' 이렇게 이어서 소리 내면 편합니다. 그리고 바로 work에서 훅! 뱉어주세요.

where **burn**out is **co**mmon. 앞에 work라는 단어가 나오고 어떤 직업군인지 뒤에 더 상세히 말해주기 위해 접착제 where을 써서 설명하는 의미단위입니다. 여기서 내용어는 **burn**out과 **co**mmon이죠.

대표 문장의 burn **out**은 동사죠. 이어동사여서 강세가 **out**에 있어요. 여기에서처럼 **burn**out 이렇게 붙으면 명사가 되는데 이때 강세는 **burn**에 있습니다! **co**mmon의 강세는 **co**에 있어요. 길게 뱉어주세요. 뱉고 돌아오는 소리에 mon 처리합니다. 전체 리듬은 d D d D입니다. 리듬 충분히 연습하고 영어 대입해주세요.

광장히 긴 문장이죠? 이제 이렇게 긴 영어도 막 소리 낼 수 있다니 감동적이지 않나요? 자, 천천히 의미단위 연결해볼게요. 너무 길어서 부담스럽다면, 의미단위마다 쉬었다가 소리 내도 됩니다.

At the **age** of **28** in the **field** of **work** where **burn**out is **co**mmon.

② Are you gonna **burn out** before **year** 30?
   d   d   d   D'   d   d   D' D

<u>Are you gonna burn **out**</u>. Are you gonna에는 힘 들어가지 않죠. 다 기능
어니까 편하고 빠르게 나오게 해주세요. burn out 동사가 나옵니다. burn out은
이어동사라서 2개가 이어지고 뒤의 out에 힘이 들어가고 소리가 조금 올라갑니다.
<u>before year **30**</u>? '30살 전에?' 라는 뜻이죠. '30살 전에'를 영어로 뭐라고 할까
모르셨다면 이 의미단위를 딱 기억해두세요. 본인의 나이를 넣어서 연습해두었다 필
요할 때 나오게 하는 거예요. 이 의미단위는 30에만 힘이 들어가시면 되는 거예요.
'30살이 되기 전에 너 burn out 되지 않겠어? burn out 되기 쉬운 직업군에 있
잖아. 28살인데, 30이 되기 전에 burn out되지 않을까?' 이렇게 물어보는 거죠.

③ **No**.
  D

빌 게이츠가 단호하게 대답하죠. 이럴 때는 n 음소단위 제대로 살려주면 단호함이
더 느껴집니다. n 음소단위 내는 법이 기억 안 나시는 분은 음소단위 특강 다시 보고
오세요. 계속 보고 또 보고 연습해야 자연스럽게 나옵니다.

④ How do you **know**?
   d   d   d   D

'어떻게 알아? 어떻게 'No'라고 말할 수 있어?' 사회자가 묻습니다. 별로 어려울 게
없는 문장이에요. 리듬도 d d d D 리듬은 이렇게 단조롭네요. know에서만 훅 뱉
어주면 되는 문장이죠.

이 뒤에 빌 게이츠는 There is always something new.라고 대답합니다. '뭔
가 항상 새로운 일이 일어나고, 그래서 너무 재미있어.'

자, 이제 소리튜닝 반복 훈련을 시작해볼까요?

① At the **age** of **28** in the **field** of **work**
where **burn**out is **common**.

② Are you gonna **burn out** before **year** 30?

③ **No**.

④ How do you **know**?

TIP   완전히 외울 때까지 발음하면서 Writing도 반복하세요!

훈련 체크 ☐☐☐☐☐☐☐☐☐☐

Part 4   한—영 훈련

①28살에 당신은 지치기 쉬운 직업군에 있잖아요.

②30살 전에 지치지 않겠어요?

③아뇨.

④어떻게 알죠?

TIP   소리튜닝 배운 대로 하루 동안 틈나는 대로 무한 반복해서 외우세요! 한글을 보면서 영
어문장이 자동적으로 떠오를 때까지.

훈련 체크 ☐☐☐☐☐☐☐☐☐☐

burn out

지치다, 나가 떨어지다

> 사람한테 쓸 수도 있고요. 만약 머신이라든지 타이어라든지 이러면 뭔가 팍 하고 터지는 느낌. 소진되는 거예요. 여러분 burn out 신드롬이라고 들어보신 적 있죠? burn out 신드롬이라고 하면 아무 것도 하고 싶지 않은, 푹 퍼져 있는 상태라고 생각하시면 될 것 같아요. 연소돼서 불에 타거나 엄청나게 연기가 나는 그림이 그려지셔야 돼요. 구글에서 이미지 검색해보세요. 이게 burn out 이구나 기억해 두면 너무 좋죠.

1. I'm gonna burn out. Let me go home.
   (나 완전히 지쳤어. 집에 갈래.)

2. You don't go hard all the time.
   You will burn out. Just slow down. Relax.
   (항상 너무 열심히 하지 마. 너 지칠 거야. 진정해.)

3. The virus doesn't burn out. It's spread.
   (바이러스가 죽지 않아. 퍼지고 있어.)

4.

5.

13주차 한영 훈련 중첩 복습

85일부터 91일까지 끝내셨습니다. 반복연습 계속해오셨나요?
복습해봅시다! 다음 한글 표현에 맞게 영어문장을 떠올리고 소리튜닝하
여 발음해보세요!

DAY 85

① 책에서 아이작슨은 무엇이 다빈치를 특별하게 만들었는지 말합니다.
② 다빈치는 예술로 가장 잘 알려져 있죠.
③ 그렇지만 다빈치 자신은 본인이 군사 엔지니어,
④ 그리고 과학자, 음악 전문가라고 생각했어요.

DAY 86

① 임신은 정말 즐거웠어요.
② 우리는 아이 만나는 것을 정말 기대하고 있어요.
③ 마크가 정말 아이 만나는 것을 기대하고 있어요.
④ 네, 37주 됐죠.
⑤ 그러니 나올 때가 된 것 같아요.

DAY 87

① 여기 있는 우리 모두는 다 다른 사람들이죠.
② 그러나 우리는 꽤 근본적인 공통점을 갖고 있어요.
③ 우리는 예술가가 될 수 있는 자유가 있어요.
④ 창조할 수 있는 자유, 겁 없이 권위에 도전할 자유가 있어요.

DAY 88

① 왜냐하면 당신이 배우이고,
② 사람들이 그 영화를 좋아하지 않으면
③ 당신은 그냥 이럴 거예요. "내가 감독한 게 아냐.
④ 내가 쓴 거 아냐, 내 잘못 아냐."
⑤ 하지만 당신이 감독을 하면,
⑥ 참고 견뎌내야죠.

DAY 89

① 문제는 "당신이 상황을 해결할 수 있는가?"가 아닙니다.
② 문제는 "당신이 스스로의 마음을 관리할 수 있는가?"입니다.
③ 당신의 성장을 해치는 생각과 감정을 관리할 수 있습니까?
④ 상황을 해결하려고 하지 마세요! 당신의 마음을 관리하세요!

DAY 90

① 그 질문에 대한 저의 대답은요,
② 실수를 하지 않으려는 노력조차 하지 마세요.
③ 왜냐하면 아마 엄청난 실수를 할 거거든요.
④ 중요한 건 실수로부터 빠르게 배우고 포기하지 않는 겁니다.

DAY 91

① 28살에 당신은 지치기 쉬운 직업군에 있잖아요.
② 30살 전에 지치지 않겠어요?
③ 아뇨.
④ 어떻게 알죠?

갓주아의 13주차 소리튜닝 특강
– 혀 근육 훈련, 호흡 훈련 해주세요!

혀 근육을 쓰세요

혀끝에 근육이 많이 움직이셔야 돼요. 한국어로 말할 때는 혀끝의 근육을 쓸 필요가 거의 없어요. 그래서 영어를 할 때 흐물흐물한 소리가 나서 귀에 잘 안 들어오는 거예요. 그래서 혀끝의 근육 훈련을 많이 하셔야 되는 거예요.

호흡 훈련을 하세요

가끔 그런 생각해보신 적 있으시죠?

'쟤네는 도대체 언제 숨을 쉬는 거지? 계속 이어서 얘기해?'

보통 오픽을 가르칠 때 오픽에서 가장 높은 성적이 al이라는 성적이에요. 토익으로 치면 970점 정도. ih라는 성적이 930점 정도 된다고 얘기하는데, 어쨌든 둘 다 고득점이에요. 그런데 이 둘을 목표로 하는 학생들에게 제가 전략을 차별화합니다.
al은 두세 문장 정도는 호흡 한 번에 가라고 얘기합니다. al 같은 경우에는 호흡이 길어야 돼요. 영어를 유창하게 하면 유창하게 할수록 한 호흡에 처리할 수 있는 문장이 길어집니다. 이게 보통 ih와 al의 성적을 나눠어요. al은 세 문장 정도가 한 호흡에 나오게 연습을 하셔야 돼요. 영어가 유창하지 않은 사람들의 특징이 호흡이 무지하게 짧습니다. 보통 한 단어 정도 하고 나서 또 쉬어요.

You are / big / fan of / a

보통 이런 식으로 쉰다는 얘기예요.

'Cause / it's a / game / about / dinosaurs

이런 식으로 호흡이 다 끊어져요. 그런데 유창하면 유창할수록 한 호흡에 내가 처리할 수 있는 문장이 길어집니다. 그래서 그런 연습을 하셔야 돼요.

그래서 호흡 늘리기도 많이 하셔야 돼요. 하면 할수록 호흡이 늘어납니다. 제가 가르쳐보니 호흡은 진짜 많이 연습을 하시면 하실수록 원래 짧았던 분들도 점점 늘어나요. 훈련이에요, 외국어는.

Week 14

Day 92
—
Day 98

I build its foundation and choose its contents.
나는 내 삶의 기초를 만들고 그것의 내용도 선택한다.

Don't blow my cover
내 정체를 탄로 나게 하지 마

미국의 카툰네트워크에서 방송 중인 애니메이션 〈위 베어 베어스(We Bare Bears)〉입니다. 해당 회차는 '찰리의 큰 발(Charlie's Big Foot)' 편입니다. 찰리가 다쳐서 병원에 가야 하는데 병원에 가기 싫어하죠. 그래서 판다가 얼굴을 대신해서 병원에 가기로 해요. 그런데 판다가 병원에서 '찰리' 하고 불러버리는 장면이에요.

Part 1 오늘의 예습 Today's Preview

🎧 MP3 파일 듣기

① Don't blow my cover.
② I'm nervous, boys.
③ Well, if you weren't such a klutz,
   we wouldn't be here in the first place.
④ Oh, I would just trying to help.

① 내 정체를 탄로 나게 하지 마.
② 나 너무 긴장 돼, 얘들아.
③ 네가 그렇게 칠칠맞지 못하지만 않았어도
   애초에 여기 있지 않았을 거야.
④ 나는 단지 도와주고 싶었을 뿐이야.

단어와 표현

* **blow someone's cover**　정체를 드러내다, 신분이 노출되다
* **nervous** [nə́ːrvəs 널버스]
  ① 신경(성)의, 신경 조직으로 된　② 신경질적인, 소심한, 겁 많은, 불안한
* **klutz** [klʌts 클러츠]　(비격식)칠칠치 못한 사람, 얼간이
* **in the first place**　애초에

① **Don't blow** my **co**ver.
　D　　D'　　d　　D

② I'm **ner**vous, **boys**.
　d d　　D　　　D

③ **Well**, if you **weren't** such a **klutz**,
　D　　d　d　　　D　　　d　d　D

　　we **wouldn't** be **here** in the **first place**.
　　d　　D　　d　D　d　d　D　　D'

④ **Oh**, I would **just try**ing to **help**.
　D　d　d　　D'　　D　d　D

Main Sentence

Don't blow my **co**ver.
　D　　D'　　d　　D

직역하면 무슨 뜻입니까? '내 커버를 불어버리지 마.' 무슨 뜻일까요? '정
체를 밝히다'죠. 그러면 대표문장의 뜻은 '정체를 밝히지 마. 내 정체를 탄
로 나게 하지 마' 정도입니다.

① **Don't blow** my **co**ver.
　D　　D'　　d　　D

이 문장에서 내용어는 Don't, blow, cover입니다. 다 뱉어주면 너무 힘
들죠. 영상에서는 **Don't**와 **co**ver에 훅! 뱉어줬어요. Don't에 훅! 뱉어주

고 올라오는 소리에 blow를 정확한 발음과 강세로 처리해줍니다.

blow는 음소단위로 쪼개면 'b + l + ow'이죠. 음소단위 하나씩 분절해서 연습하고 연결해서 소리 내면 발음과 발성이 좋아집니다. ow는 '오우' 소리입니다.

don't에서 훅! 뱉고 돌아오는 소리에 my까지 처리해주고, cover의 강세 co에 훅! 뱉어주세요. 들숨 날숨, 왔다 갔다 하면서 소리가 끊어지지 않고 이어집니다.

Don't blow my **co**ver.

② I'm **ner**vous, **boys**.
    d d   D   D

이 문장에서 내용어는 **ner**vous와 **boys**입니다. 일단 내용어부터 발성, 강세, 발음 생각해서 연습해볼게요. **ner**vous의 리듬은 D d입니다. ner에 훅! 던지고 올라오는 소리에 vous 처리해줄게요. 강세가 들어가지 않는 모음, 슈와 소리는 최대한 입에 긴장과 힘을 뺍니다. I'm **ner**vous. 리듬은 d d D입니다. 먼저 리듬 연습 충분히 하고 문장 대입해주세요. **boys** 하면 남자 아이들을 친근하게 부를 때 쓰는 말입니다. 내용어이니 훅! 뱉어줍니다.

'나 너무 긴장 돼. 얘들아.' 긴장되는 상황에서 훅! 써주세요.

③ **Well**, if you **weren't** such a **klutz**,
    D   d d   D   d d D

    we **wouldn't** be **here** in the **first place**.
    d   D   d   D d d   D   D'

이번 문장 중 가장 어렵고 긴 문장입니다. 하지만 아무리 긴 문장도 의미단위씩 자르면 문제없습니다.

Well, if you **weren't** such a **klutz**, 이 문장에서 내용어는 Well, weren't, klutz입니다. 이 내용어 단어를 발성, 강세, 발음 생각해서 먼저 연습합니다.

weren't를 쪼개면 'w + er + n + t'가 됩니다. 일단 음소단위 하나하나 연습해 보세요. 하나씩 소리 내면서 음소단위마다 달라지는 조음기관의 움직임을 느껴보세요. 그리고 이어봅니다. 그리고 이어진 소리로 편해질 때까지 10번 반복하세요.

klutz는 발음기호를 보면 [klʌts] 주의해야 할 점은 z입니다. 발음기호를 보면 s 소리임을 알 수 있죠? 't + s' 2개가 이어져 나올 때 ㅊ 소리를 내면 편합니다.

재! 이제 리듬을 연습해볼게요. D, d d D d d D 먼저 리듬을 천천히 연습했다가 점점 빠르게 연습합니다. 리듬이 익숙해지면 영어를 대입해봅니다.

Well, if you **weren't** such a **klutz**,

TIP   klutz

많이 쓰이는 표현이니까 기억해두세요. '칠푼이, 팔푼이, 칠칠맞지 못한 사람.' 여기저기 다치고 다니고, 다쳤는데 언제 다쳤는지도 모르고 칠칠맞지 못한 사람 있잖아요. 그런 사람들을 klutz라고 합니다. 요리를 하다가 데었어요. 그러면 뭐라고 해요? "아 이런 칠칠이." 나에게 스스로 얘기할 수 있죠. 이런 칠푼이, 팔푼이. I'm such a klutz.

---

we **wouldn't** be here in the **first** place.
we **wouldn't** be here. 여기까지 한 의미단위 기억해 두시고요. wouldn't 에 힘 들어가죠.

in the **first** place. d d D d. '애초에'라는 뜻입니다. first에 힘 들어가고, place에 힘 들어가죠. 그런데 둘 다 힘 들어가면 끊어지니까 first에 힘주고 place는 낮추면서 정확한 소리를 내줄게요.

we **wouldn't** be here in the **first** place.

er 음소단위는 같이 나오는 소리대가 ir 음소단위가 있어요. 이 ir 음소단위로 가장 많이 대표적으로 소리가 나와요. 이것의 발음 기호는 [ɜ:]입니다. 길게 얘기하라는 거예요. 대표적으로 ir 소리, bird 소리예요. 장모음으로 길게 빼셔야 돼요.

④ **Oh**, I would **just try**ing to **help**.
  D d   **d**   **D'**   **D**   d   **D**

trying, help가 내용어입니다. trying to를 살짝 낮추고 **help**가 더 나갈게요. **help**. h 소리예요. '하' 소리라고 했죠. p 소리는 흡 하고 다물면서 끝납니다.

I would just **try**ing to **help**.
'나는 그냥 도와주고 싶었을 뿐이야.'

자, 이제 소리튜닝 반복 훈련을 시작해볼까요?

나와 맞는 빠르기로
말해요

우리는 영어를 배우는 외국인이에요. 빨리 말할 필요는 없어요. 정확하게 명료하게 전달하는 게 중요한 거죠.

그런데 원래 말이 느린 사람이 영화 속 앤 해서웨이가 마음에 들 수도 있죠. 앤 해서웨이는 유독 빠르게 말하는 사람이지만, 상관없이 소리를 따라하고 싶을 수 있죠.

하지만 그러면 못 따라갈 수 있어요. 원래 말이 느린 사람이 원어민의, 그것도 말이 빠른 원어민의 스피드를 따라간다는 것 자체가 굉장히 힘들 수 있어요.

그러니까 나랑 비슷한 스피드인 사람을 따라가는 게 좋습니다.

① **Don't blow** my **cover**.

② I'm **ner**vous, **boys**.

③ **Well**, if you **weren't** such a **klutz**,

we **wouldn't** be **here** in the **first place**.

④ **Oh**, I would **just try**ing to **help**.

> **TIP** 완전히 외울 때까지 발음하면서 Writing도 반복하세요!

훈련 체크 ☐☐☐☐☐☐☐☐☐☐

Part 4 한-영 훈련

① 내 정체를 탄로 나게 하지 마.

② 나 너무 긴장 돼, 얘들아.

③ 네가 그렇게 칠칠맞지 못하지만 않았어도

애초에 여기 있지 않았을 거야.

④ 나는 단지 도와주고 싶었을 뿐이야.

> **TIP** 소리튜닝 배운 대로 하루 동안 틈나는 대로 무한 반복해서 외우세요! 한글을 보면서 영어문장이 자동적으로 떠오를 때까지.

훈련 체크 ☐☐☐☐☐☐☐☐☐☐

blow someone's cover

～의 비밀을 드러나게 하다
reveal someone's secret

> '숨기고 싶은 것, 말하고 싶지 않은 정체를 탄로 나게 하다'라는 뜻이에요.

1. Asking those kind of questions
   could blow my cover.
   (그런 질문들을 하면 내 정체가 탄로 날 수 있어.)

2. I can't go in there, it'll blow my cover.
   (저쪽으로 갈 수 없어, 내 정체가 탄로 날 거야.)

3. You blew my cover.
   (네가 내 정체를 다 탄로 냈어.)

4.

5.

We don't wanna let people down
우리는 사람들을 실망시키고 싶지 않잖아

92강에서 했던 미국 애니메이션 〈위 베어 베어스〉죠. 이번에는 '커피 동굴(Coffee Cave)' 에피소드입니다. 하얀 곰, Ice bear가 바리스타가 됐어요. 그런데 너무 유명해져서 일이 많아지니까 지쳐버렸습니다. 친구들이 어떻게 할까요?

Part 1 오늘의 예습 Today's Preview

MP3 파일 듣기

① Here, have a cup of coffee.
② It'll wake you right up.
③ Ice bear can't handle caffeine.
④ Come on, man.
⑤ We don't wanna let people down.

① 자, 커피 마셔.
② 이게 너를 확 깨게 만들 거야.
③ 아이스 베어는 카페인을 못 견뎌.
④ 아, 제발.
⑤ 우리는 사람들을 실망시키고 싶지 않잖아.

단어와 표현

＊wake [weɪk 웨이ㅋ] 잠에서 깨다, 깨우다
＊caffeine [kæfiːn 캐핀] 카페인
＊let somebody down ～의 기대를 저버리다, ～를 실망시키다

소리튜닝 Day93

① **Here**, **have** a **cup** of **co**ffee.
　 D　　 D　d　D'　d　 D

② It'll **wake** you **right up**.
　d d　 D　　 d　 D'　 d

③ Ice **bear can't han**dle **ca**ffeine.
　D　 D'　 D　　　D'　　　 D

④ **Come on**, **man**.
　　 D'　 d　 D

⑤ We **don't wa**nna let **peo**ple **down**.
　 d　 D　　 D'　 d　 D　　 D

Main Sentence

We **don't wa**nna let **peo**ple **down**.
　d　 D　　 D'　 d　 D　　 D

---

let someone down입니다. let down은 물론 '밑으로 내리다'라는 뜻도 있겠지만, '누군가를 실망시키다'라는 뜻이 있어요. disappoint 대신에 쓸 수 있는 표현입니다. 그래서 let me down 그러면 나를 실망시키는 거죠. let people down. 어디에 힘 들어갈까요? 이어동사니까 down에 힘이 들어가고 음이 올라가겠죠.

'우리는 사람들을 실망시키고 싶지 않잖아.' 곰들은 사람들한테 인기 있어하고 싶어 하거든요, 항상. '빨리 커피를 만들어야 돼, 사람들을 실망시킬 수 없어!' 이런 대화를 나누는 장면입니다.

① **Here**, **have** a **cup** of **co**ffee.
   D   D   d D' d   D

Here, **have** a cup of **co**ffee.
Here. 음소단위 h를 제대로 내주면서 훅! 뱉어줄게요.
졸려하는 아이스 베어에게 커피를 건네는 장면입니다. 살짝 쉬었다가 **have**에서 다시 훅! 뱉고 돌아오는 소리에 a cup of까지 처리합니다.
have a. '해브 어'가 아니라 v 다음에 a로 시작하니까 자음끝 + 모음시작 구조죠. 'hav(e)a', '해버' 이렇게 편하게 이어서 소리낼 수 있습니다.

cup of도 p 다음에 o가 붙어서 'cupof', '커퍼브' 이렇게 됩니다.
그리고 다시 **co**ffee의 강세 **co**에서 훅! 뱉어주고 돌아오는 소리에 fee 처리합니다.
돌아오는 소리에 fee 처리할 때 f 음소단위 입모양을 해주고 끝냅니다. 윗니가 아랫입술을 살포시 대고 있는 입모양이죠.
강세가 들어가지 않는 단어의 음소단위는 강세가 들어가는 음소단위처럼 혀끝의 힘이나 발성이 들어가지 않고 그 해당 음소단위의 입모양만 해줍니다.

② It'll **wake** you **right up**.
  d d   D   d   D' d

It'll. It will의 줄임말이죠. l은 dark l이에요. It 했던 소리의 위치를 잊지 마세요. 어쨌든 t이기 때문에 천장을 닿고 끝나죠. It 했다가 '얼' 소리가 편하게 이어집니다.
wake you. '웨이크 유'가 아니라 k와 you가 합해서 '뀨' 이런 느낌이 나와요.
right up. t 자음으로 끝나고 u 모음으로 끝나는 구조여서 'rightup' 이렇게 강세가 up에 있는 한 단어처럼 소리 냅니다. 강세가 없는 t는 ㄷ이나 ㄹ 소리가 나온다고 했죠. '라이덮' 이런 느낌이 나와요.

자! 이제 다 연결해서 연습해볼게요.
It'll **wake** you right **up**.

③ Ice **bear can't han**dle **ca**ffeine.
 D   D'   D   D'   D

<u>Ice bear.</u> 복합명사죠. 앞 단어 강세에 훅! 뱉어주고 나오는 소리에 bear 처리합니다.

그리고 다시 **can't**에 훅! 뱉고 돌아오는 소리에 <u>handle</u>을 처리하되 정확한 강세와 발음을 들려주세요. can't handle은 t로 끝나고 자음 h로 시작해서 **can't** 하고 살짝 끊어주고 handle 처리합니다.

<u>**ca**ffeine</u>은 **ca**에 강세가 있고, '**캐**핀' 이렇게 소리 내주세요.

<u>Ice bear **can't** handle **ca**ffeine.</u>

직역하면 '나는 카페인을 잘 처리하지 못해'입니다. '나 카페인 못 먹어. 나 카페인 섭취 못 해. 내 몸이 카페인을 못 견뎌.' 이런 의미입니다.

④ **Come** on, man.
 D'   d   D

<u>Come **on**</u>은 이어동사여서 기본적으로 뒤에 힘이 들어가고 음을 높이면 됩니다. 'com(e)**on**' 이렇게 **on**에 강세가 있는 한 단어처럼 처리합니다.

'아, 왜 이래. 제발 좀.' 곰들의 표정 잘 보세요.

⑤ We **don't wa**nna let **peo**ple **down**."
   d   D   D'   d   D   D

이 문장에서 내용어는 don't, want, people, down입니다. 내용어들 중 부정어가 있다면 보통 부정어에 훅! 뱉어줍니다.

don't에 훅! 뱉고 올라오는 소리에 wanna let까지 처리해주세요. 그리고 **peo**ple의 강세 **peo**에 훅! 다시 뱉어주고, 돌아오는 소리에 −ple 처리해주고, let **down**은 이어동사여서 뒤에 힘이 들어가고 음을 높입니다. **down**에서 훅! 뱉어주세요. 영상에서는 내용어들 중 **down**에 가장 큰 힘을 줬어요.

자, 이제 소리튜닝 반복 훈련을 시작해볼까요?

234

왜 저널을 하죠?
어떻게 하죠?

이 문장, 이 의미단위로 내가 어떤 영어를 만들 수 있는지 바로 감이 안 잡히시면 저널을 쓰세요.

"나는 이 표현으로 바로 영작이 돼." 그러면 괜찮아요. 익숙한 문장이라는 얘기죠. 그런데 "나는 바로 영작이 안 돼." 그러면 남의 글을 보세요. 다양한 사이트에 들어가서 이 단어로 어떤 말들을 쓸 수 있는지를 보는 거예요. 그리고 단어에 대한 감을 잡으세요.

이게 저널을 하는 이유입니다.

① **Here**, **have** a **cup** of **c**offee.
② It'll **wake** you **right** **up**.
③ Ice **bear** can't **han**dle **c**affeine.
④ **Come** **on**, **man**.
⑤ We **don't** **wa**nna let **peo**ple **down**.

> TIP   완전히 외울 때까지 발음하면서 Writing도 반복하세요!

훈련 체크 ☐☐☐☐☐☐☐☐☐☐

Part 4 한–영 훈련

①자, 커피 마셔.
②이게 너를 확 깨게 만들 거야.
③아이스 베어는 카페인을 못 견뎌.
④아, 제발.
⑤우리는 사람들을 실망시키고 싶지 않잖아.

> TIP   소리튜닝 배운 대로 하루 동안 틈나는 대로 무한 반복해서 외우세요! 한글을 보면서 영어문장이 자동적으로 떠오를 때까지.

훈련 체크 ☐☐☐☐☐☐☐☐☐☐

can't handle ~

~를 못 먹어, ~를 몸이 못 견뎌

caffeine 뿐만 아니라 여러분이 못 먹는 것들을 여기다 써도 되겠죠.

1. I can't handle spicy food.
   (나는 매운 음식을 못 먹어.)
2. I can't handle stress.
   (나는 스트레스 처리를 못하겠어.)
3. I can handle it.
   (내가 처리할 수 있어.)
4.

5.

Did you wait in the line?
너 줄 서서 기다렸어?

2016년 10월 26일, 세계적으로 유명한 영국의 요리사 고든 램지가 미국 ABC의 〈지미 키멜 라이브(Jimmy Kimmel Live)〉에 출연했습니다. 텍사스의 '프랭클린 바비큐'라는 곳에 대한 이야기입니다.

Part 1   오늘의 예습 Today's Preview

🎧 MP3 파일 듣기

① I've eaten there many times and it's a fantastic.
② The line is, Did you wait in the line?
③ 'Cause the line goes around the corner.
④ And they say they never let anyone cut the line.
⑤ You always get me into trouble in here.

① 나 거기 여러 번 가봤는데 진짜 환상적이야.
② 너 줄 서서 기다렸어?
③ 왜냐하면 줄이 코너를 빙 돌아서 있거든.
④ 그리고 그들이 말하길 아무도 새치기 할 수 없대.
⑤ 넌 언제나 나를 곤란하게 하는구나.

단어와 표현

* **many times**   여러 번
* **in a line**   한 줄로, 일렬로
* **go around**   돌다, 돌아가다; 돌아보다
* **cut the line**   줄을 끊다, 새치기 하다
* **trouble** [trʌbəl 츄러블]
    ① 고생, 근심, 걱정, 고민   ② 시끄러운 일, 불화, 사건, 트러블; 분쟁

① I've **ea**ten **there** ma**ny** **times**
  d d　　D　　　D'　　　D　　　D'

and it's a fan**ta**stic.
  d　d d d　　　D

② The **line** is, Did you **wait** in the **line**?
  d　　D　d　d　d　　D　　d　d　　D

③ 'Cause the **line** **goes** a**round** the **cor**ner.
  d　　　d　　D　　D'　　d　　　d　　　D

④ And they **say** they **ne**ver let anyone
  d　　d　　D　　d　　D　　d　　　d

cut the **line**.
D　　d　　D

⑤ You **al**ways **get** me into **trou**ble in **here**.
  d　　D　　D'　d　d　　　D　　d　　D'

Main Sentence

Did you **wait** in the **line**?
d　d　　D　　d　d　D

---

wait in the line 하면 '줄 서서 기다리다'라는 뜻이죠.
Did you wait in the line? d d D d d D. 말을 빨리 하고 싶으시면
리듬 타는 연습을 빨리 해보고 문장 대입하시면 됩니다.

TIP **the가 붙는 곳과 붙지 않는 곳**

대표문장에서는 그 장소가 어디인지 알잖아요. 지금 '프랭클린 바베큐'라는 곳에서의 줄을 말하는
거죠. 그러니까 구체적인 곳을 알고 있을 때는 the를 붙이는 겁니다. 그냥 "나 줄 서고 있어."라고
얘기할 때는 그 사람이 내가 어디에 있는지 모르죠. 그럴 때는 in line이라고 합니다.

① I've **ea**ten **there ma**ny **times** and it's a fan**ta**stic.
  d d   **D**   **D'**   **D**   **D'**   d dd   **D**

I've **ea**ten there **ma**ny times.

I've **ea**ten. 발음 주의하셔야 돼요. 일단은 **ea**t 동사에서 **ea** 음소단위는 큰 미소
[iː]예요. 입을 옆으로 쫙 벌려서 스마일 하셔야 돼요. 그렇게 입을 옆으로 벌리다 보
니 소리가 길어집니다. 그런데 여기는 ten 소리죠. ton, tain처럼 t와 n 사이에 모
음이 오는 구조예요. t와 n 사이에 모음이 온 경우에는 t 소리 후 호흡을 살짝 끊어
버립니다. '이튼' 이런 느낌이 아니라 '잇/은' 이런 느낌이에요. I've는 많이 쓰는 기능
어 조합이므로 입에 편하고 빠르게 나올 수 있도록 여러 번 연습해주세요. **ea**에 훅!
뱉고 돌아오는 소리에 −ten, there까지 처리합니다. 그리고 다시 **ma**에 훅! 뱉고
돌아오는 소리에 −ny times 처리할게요.

times은 뱉어지진 않지만 여전히 내용어이므로 정확한 강세와 발음 내주세요.
times의 경우 time이 유성음 m으로 끝났기 때문에 −s는 z 소리를 내줍니다.

and it's a fan**ta**stic. 이 의미단위의 리듬은 d dd d D입니다. 내용어가
fan**ta**stic 하나밖에 없죠. 이렇게 기능어가 많은 문장은 말이 뭉개지고 빨라질
수 있어요. 제일 중요한 fan**ta**stic은 정확한 발성, 강세, 발음으로 소리 내야겠죠.
fan**ta**stic의 발음기호 [fæntǽstik]를 보면 fa의 a 소리는 apple할 때, 입을 위
아래로 크게 벌리는 소리예요. 하지만 강세는 **ta**에 있어요. fa의 a 소리는 한국어로
치면 '애'의 느낌으로 해줍니다. 판타스틱 보다는 '팬테스틱' 이렇게 소리 냅니다.

자! 이제 이 두 의미단위를 이어볼게요.

I've **ea**ten there **ma**ny times and it's a fan**ta**stic.

② The **line** is, Did you **wait** in the **line**?
    d   D   d   d   d   D   d   d   D

The **line** is. 여기서 내용어는 line밖에 없어요. 가장 중요한 정보이니 명료한 소리를 위해 l 음소단위 제대로 내줍니다. 혀끝은 입천장 시작하는 부분에 대고 혀 끝에 힘을 주고 '을' 했다가 소리 냅니다. '라인'이 아니라 '(을)라인.' 이 의미단위의 리듬은 d D d입니다. 'lin(e)is' 이렇게 이어서 한 단어처럼 이어서 소리 낼 수 있어요.

Did you **wait** in the **line**? 이 의미단위에서 내용어는 wait과 line입니다. 일단 내용어들 먼저 정확한 발성, 강세, 발음 생각해서 연습해줍니다. line은 앞서 연습했으니 wait만 해 볼게요.
wait은 w 음소단위가 중요하죠. wait하기 위해 순간적으로 입술이 앞으로 쭉 아이에게 뽀뽀해준다는 느낌으로 나옵니다. wait in은 자음끝 + 모음시작 구조이므로 '**wai**tin' 이렇게 마치 **wai**에 강세가 있는 한 단어처럼 소리 냅니다. t에 강세가 없는 겨우 ㄷ이나 ㄹ소리가 나죠. 그래서 '웨이린' 이런 느낌으로 소리 내세요. the는 강세가 없는 기능어이기 때문에 기능어인 th[ð] 소리는 혀가 이 사이로 확 나올 시간이 없어서 이 뒤에 대거나 혀가 나올까 말까 하는 정도밖에 나오지 않습니다.

전체 리듬은 d D d. d D d d D입니다. 충분히 리듬을 연습하고 영어를 대입해주세요. 영어가 편하게 나오면, 이번에 상황에 맞는 감정을 넣어주세요.

③ 'Cause the **line** **goes** around the **cor**ner.
    d   d   D   D'   d   d   D

이 문장에서 내용어는 line, goes, corner입니다. 각각의 내용어를 먼저 발성과 함께 연습해주세요. 그 다음 기능어 연습합니다. 'Cause the까지 일단 입에서 빠르고 편하게 나오게 연습해주세요. 입에서 조금도 불편하지 않습니다. 그리고 순간적으로 **line**에 훅! 뱉어줍니다. go around는 이어동사이므로 go가 내용어지만 여기에 힘들어가지 않고 a**round**에 훅! 뱉고 돌아오는 소리에 the 처리하시고, 다시 **cor**ner의 강세 **cor**에 훅! 뱉어줍니다. 영어의 소리는 이런 식으로 왔다 갔다 들숨 날숨을 이용해서 끊어지지 않습니다.

이 문장을 듣고 떠올라야 하는 이미지는 맛집의 대기줄입니다. 맛집을 중심으로 빙 줄을 서고 있는 이미지를 떠올리고 이 문장을 기억해 두세요.

④ And they **say** they **ne**ver let anyone **cut** the **line**.
　　d　　d　　**D**　　D　　**D**　　d　　　d　　**D**　　d　**D**

And they **say**. 어려운 소리가 하나도 없습니다. 리듬만 연습해 볼게요. d d D 리듬하고, 영어 대입할게요. And은 기능어라 '앤드' 하지 않습니다. 보통 '은' 정도밖에 소리나지 않습니다.

they **ne**ver let anyone **cut** the **line**. 이 의미단위에서 내용어는 never, cut, line입니다. 일단 내용어 단어들을 먼저 정확한 발성, 강세, 발음으로 연습합니다. 발음이 조금이라도 헷갈린다면 항상 사전을 찾아봅니다. 입에서 편하고 빠르게 they 연습하고 **ne**ver의 강세 **ne**에 훅! 뱉어주세요. 그리고 돌아오는 소리에 -ver let anyone까지 처리합니다. 그리고 다시 **cut**에 훅! 뱉고 돌아오는 소리에 the 처리하고, 마지막으로 **line**에 훅! 뱉어줍니다. 'cut + the' 이런 구조죠. 't + th(자음)'이니까 t 소리 후 호흡 살짝 끊어주죠! **cut!** 하면서 살짝 호흡 끊어주세요.

쟤! 이제 의미단위들 붙여서 연습해 볼게요.
And they **say** they **ne**ver let anyone **cut** the **line**.

242

⑤ You **al**ways **get** me into **trou**ble in **here**.
　 d　　D　　D'　d　　d　　D　　d　D'

You **al**ways get me. d D D' d 리듬입니다. get me 역시 't + m 자음' 구조
이므로 get 하고 살짝 호흡 끊고 me 처리해주세요. get에는 힘을 줘도 되고 안 줘
도 됩니다. 내용어에 힘을 줄지 안 줄지는 화자가 결정하는 거예요. 힘을 안 주면 조
금 더 빠르게 문장을 처리할 수 있고, 힘을 주면 조금 느려지지만 훨씬 소리가 명료
해질 수 있습니다. 이런 것 때문에 원어민과 대화를 할 때 어떤 원어민은 굉장히 명
료하게 들리고 어떤 원어민은 거의 훅훅 지나가는 느낌으로 들리는 거예요.

into **trou**ble in here. 일단 내용어부터 연습할게요. 내용어는 trouble과
here입니다. **trou**ble의 발음 기호 [trʌbəl]를 보면 tr 소리를 편하게 하기 위해
'츄' 소리를 내고 강세는 **trou**에 있죠. **trou**ble에서 ou 소리는 '오우' 소리가 아님
을 확인하세요. 한국어로 거의 '어' 하는 소리입니다. **trou**에서 훅! 뱉고 돌아오는 소
리에 ble 처리합니다.

> **TIP**　trouble vs. travel
>
> trouble 소리와 travel 소리가 헷갈리지 않게 주의해주세요. 예전에 수강생 분이 자기는
> travel을 사랑한다고 했더니, 외국 분이 왜 너는 문제를 사랑한다고 그러냐고 했다고 해요.
> travel의 발음 기호는 [trǽvəl]입니다. 차이는 모음이에요. 이때 a는 apple할 때 입이 크게 벌
> 려지는 a니까 trouble보다 입을 크게 벌려야 합니다.

get into trouble 하면 문제로 들어가는 거잖아요. 그래서 문제를 갖게 하는 거예
요. '너는 항상 나를 곤란하게 해.' 이 정도로 해석하면 됩니다.
in here. 이 의미단위는 거의 들리지 않았어요.

You **al**ways get me into **trou**ble in here.

자, 이제 소리튜닝 반복 훈련을 시작해볼까요?

Part 3 　소리 반복훈련

① I've **ea**ten **there** **m**any **times** and it's a fan**ta**stic.
② The **line** is, Did you **wait** in the **line**?
③ 'Cause the **line** **goes** a**round** the **cor**ner.
④ And they **say** they **ne**ver let anyone **cut** the **line**.
⑤ You **al**ways **get** me into **trou**ble in **here**.

TIP 　완전히 외울 때까지 발음하면서 Writing도 반복하세요!

　　　　　　　　　　훈련 체크 ☐☐☐☐☐☐☐☐☐☐

Part 4 　한–영 훈련

① 나 거기 여러 번 가봤는데 진짜 환상적이야.
② 너 줄 서서 기다렸어?
③ 왜냐하면 줄이 코너를 빙 돌아서 있거든.
④ 그리고 그들이 말하길 아무도 새치기 할 수 없대.
⑤ 넌 언제나 나를 곤란하게 하는구나.

TIP 　소리튜닝 배운 대로 하루 동안 틈나는 대로 무한 반복해서 외우세요! 한글을 보면서 영어문장이 자동적으로 떠오를 때까지.

　　　　　　　　　　훈련 체크 ☐☐☐☐☐☐☐☐☐☐

244

cut the line = cut in line = jump the queue

새치기 하다
줄 서다: wait in the line

> 보통 영국이나 호주 같은 경우는 cut in line, cut the line 보다는 jump
> 를 써서 jump the queue라고 말합니다. queue는 줄이라는 뜻을 가지고
> 있어요.

1. You can't cut the line!

   (새치기 하시면 안 되죠!)

2. I'm in a bit of a hurry. Could I please cut in line?

   (제가 좀 급해서 그러는데요. 제가 새치기 좀 해도 되나요?)

3. What should I do when someone is cutting in line?

   (어떤 사람이 새치기 하면 어떻게 해야 해요?)

4.

5.

I didn't think about it a great deal
저는 그것에 대해서 많이 생각해보지 않았어요

스티브 잡스의 인터뷰 영상입니다. 그는 돈 때문에 일한 적이 없고, 늘 함께 일하는 사람들과 제품을 위해서 일했다고 해요. 그래서 성공 수칙 1번을 '돈을 위해 일하지 마라!'라고 말합니다.

Part 1 오늘의 예습 Today's Preview

🎧 MP3 파일 듣기

① So, I didn't think about it a great deal.
② I never sold any stock.
③ And just really believed
④ that the company would do very well over the long term.

① 저는 그것에 대해서 많이 생각해보지 않았어요.
② 저는 주식도 판 적이 없어요.
③ 단지 정말로 믿었어요.
④ 회사가 장기적으로 잘할 것이라고요.

단어와 표현

＊**a great deal** 다량, 상당량, 많이
＊**stock** [stɑːk 스딱] ① 재고 ② 주식
＊**long term** 장기

① So, I **didn't think** about it a **great deal**.
  d d   D   D'   d   d d   D   D'

② I **ne**ver **sold** any **stock**.
  d   D   D'   d   D

③ And just **rea**lly be**lie**ved
    d   d   D   D

④ that the **com**pany would **do very well**
    d   d   D   d   D' D'   D

    over the **long term**.
    d   d   D   D'

Main Sentence

I **didn't think** about it a **great deal**.
d D   D'   d   d d   D   D'

---

a great deal은 much 대신에 쓸 수 있습니다. I **didn't** think about it a **great** deal. '저는 그것에 대해서 많이 생각해보지 않았어요.' 여기에서 '그것'은 돈이죠.

① So, I **didn't think** about it a **great deal**.
  d d   D   D'   d   d d   D   D'

I **didn't** think about it. 입에 싹 붙여야겠죠. **didn't**에 훅! 뱉고 think about it a까지 처리합니다. 단어들이 전부 자음끝 + 모음시작의

구조라서 한 단어처럼 다 붙습니다. 'thin**ka**boutit**a**'죠. '–tita'는 t에 다 강세가 안 들어가는 소리라서 ㄷ이나 ㄹ 소리가 납니다. 그래서 '리러' 이렇게 소리 날 수 있어요. 이렇게 다 붙여서 한 단어처럼 소리 나니까 빠르게 말할 수 있는 거예요.

a **great** deal. d D D' 리듬입니다. **great**에 훅! 뱉고 돌아오는 소리에 deal을 처리하되 deal은 정확한 강세와 발음으로 해줍니다. deal을 음소단위로 쪼개면 'd + ea + dark l'입니다. 하나하나 음소단위를 정확하게 해보세요. d는 치경에 닿고 터지고, ea는 입을 양 옆으로 찢어서 미소 짓고, dark l은 '얼' 소리가 나죠. 그래서 '딜'이 아니라 '디얼' 이런 느낌으로 소리 냅니다.

② I **ne**ver **sold** any **stock**.
　　d　　D　　　D'　　d　　　D

I **ne**ver sold any **stock**. **ne**ver의 **ne**에 훅! 뱉고 돌아오는 소리에 sold any 까지 처리합니다. sold에는 뱉지는 않아도 정확한 소리를 내줍니다. sold를 음소단 위로 쪼개면 's + ol + d'입니다. 음소단위 ol은 oul 소리입니다. 한국어로 표현하 면 '오울'로 소리 내면 됩니다. sold any는 자음끝 + 모음시작 구조라서 'soldany' 이렇게 이어서 소리 냅니다.

stock. 주식이라는 뜻이죠. s 다음에 t는 된소리가 날 수 있습니다. 그래서 물론 '스 톡' 할 수도 있지만, '스똑' 이렇게 소리 내면 입이 조금 편합니다. 보통 된소리 규칙 은 미국식 영어에서 많이 들어볼 수 있습니다.

③ And just **rea**lly be**lie**ved
　　　d　　d　　　D　　　　D

And just부터 먼저 입에서 빠르고 편하게 나오게 연습합니다.

just **rea**lly. 'st + r' 이렇게 자음 3개가 연달아 나오면 발음이 힘들어서 가운데 자음 하나가 소리가 안 나죠. 그래서 'jus(t)really' 이렇게 편하게 소리 냅니다.

be**lie**ved의 강세는 **lie**에 있어요. 길고, 세고, 정확하게 소리 냅니다. 이 단어는 d D d 리듬으로 연습하고 영어 대입해주세요.

④ that the **com**pany would **do very well**
   d   d   D   d   D' D'   D

over the **long term**.
  d   d   D   D'

that the **com**pany would do very **well**. that the 빠르고 편하게 먼저 연습하고 **com**에 훅! 뱉고, 돌아오는 소리에 -pany would do very까지 처리합니다. 그런데 do very도 다 내용어입니다. 화자의 의도에 따라 do very에도 힘을 줄 수 있습니다. 내용어에 힘을 빼고 주고는 본인의 결정입니다. 영상에서는 do very에 뱉어주지 않았지만 여전히 내용어이기 때문에 정확한 강세와 발음으로 소리 내줬어요. 그리고 **well**에서 훅! 뱉었어요. **well**의 명료한 소리 전달을 위해 w 소리를 제대로 들려줍니다.

그 다음에 붙인 의미단위는 뭡니까? over the **long** term.
over the는 힘이 들어가지 않았어요. 먼저 입에서 빠르게 되도록 연습하세요.
long에서 훅! 뱉어줍니다. 제일 중요한 소리이니 음소단위로 쪼개볼게요. 'light l + o + ng'입니다. 이때 o는 [ɔ] 소리입니다. 음소단위를 하나하나 연습하고 전체 연결 할게요. **long** term 하면 장기간이라고 해석할 수 있겠죠.
long에서 훅! 뱉고 들어가는 소리에 term 처리합니다.

그러면 의미단위 붙여볼까요?
that the **com**pany would do very **well** over the **long** term.

자, 이제 소리튜닝 반복 훈련을 시작해볼까요?

🎧 MP3 파일 듣기

① So, I **didn't think** about it a **great deal**.

② I **never sold** any **stock**.

③ And just **rea**lly be**lie**ved

④ that the **com**pany would **do very well**

over the **long term**.

TIP 완전히 외울 때까지 발음하면서 Writing도 반복하세요!

훈련 체크 ☐☐☐☐☐☐☐☐☐☐

Part 4 한–영 훈련

---

① 저는 그것에 대해서 많이 생각해보지 않았어요.

② 저는 주식도 판 적이 없어요.

③ 단지 정말로 믿었어요.

④ 회사가 장기적으로 잘할 것이라고요.

TIP 소리튜닝 배운 대로 하루 동안 틈나는 대로 무한 반복해서 외우세요! 한글을 보면서 영어문장이 자동적으로 떠오를 때까지.

훈련 체크 ☐☐☐☐☐☐☐☐☐☐

a great deal

좋은 거래 / 많은, 산더미의

첫째, 명사로 '좋은 거래', 둘째로는 역시 명사로 '상당히 많은, 다량의, 산더미'라는 느낌으로 쓸 수 있어요. I have a great deal. 나 되게 많이 가지고 있다. 또 a lot of 느낌으로 쓰실 수 있어요. a great deal of.
그런데 a lot of랑 반드시 헷갈리시면 안 되는 게 있어요. a lot of는 뒤에 셀 수 있는 명사도 오고, 셀 수 없는 명사도 오죠. 그런데 a great deal은 셀 수 없는 명사만 옵니다. a great deal of money / energy / effort / passion / confidence

부사로 쓰일 수도 있습니다. 부사로 쓰일 때는 much라는 뜻을 대신해 줍니다. 그 다음에 비교급도 꾸며줄 수 있어요. much의 기능이 있다고 했잖아요. much better choice 대신 a great deal better choice 써도 됩니다.

1. I don't drink a great deal.
   (나 그렇게 많이 술 안 마셔.)
2. I travel a great deal.
   (나 되게 많이 여행해.)
3.

4.

5.

'좋아하는 걸 해라. 내가 좋아하는 걸 하다 보면 돈은 따라온다.' 항상 이렇게 얘기하죠.

스티브 잡스의 성공 법칙 첫 번째, 열정은 돈에 두지 않고 사람과 제품에 두는 것. 내가 passion을 두는 거에 힘을 두니까 돈은 따라온 거죠.

두 번째, 믿음이죠. 잘 될 거라는 믿음을 가지고 있는 사람과 '안 될 것 같은데' 이런 생각을 하는 사람의 결과는 다르다는 거예요.

그래서 만약 여러분이 성공하고 싶으시면 이 연설을 잘 들어야겠죠.

조금 더 읽어보겠습니다.

Over 10 million dollars when I was 24 over a 100 million dollars when I was 25. and it wasn't that important? Because I never did it for the money. I think money is wonderful thing. because it enables you to do things it enables you to invest in ideas that don't have a Short-term Payback and things like that, But especially at that point in my life. It was not the most important thing was the company. The people, the products we were making what we were going to enable people to do with these products.

**I feel powerful, capable, confident, energetic,
and on top of the world.**
나는 힘이 넘치며 다 할 수 있다고 느끼고,
자신감 넘치며 열정적이고, 세계 최고라고 느낀다.

She dug me
그녀는 나를 좋아했어요

미국의 방송인 오프라 윈프리가 이끄는 OWN 채널의 프로그램, 〈오프라 마스터 클래스(Oprah's Master Class)〉에 영화배우 우피 골드버그가 출연했습니다. 장면은 OWN의 유튜브 채널에 2014년 5월 27일에 게시된 부분입니다. 어머니가 돌아가시고 나서의 심정을 이야기합니다.

Part 1   오늘의 예습 Today's Preview

🎧 MP3 파일 듣기

① And so she dug me, too,
   and she dug my brother a lot.
② And so... um... there wouldn't...
   there was no sad goodbyes.
③ But for one thing,
④ I realized a couple days after she passed
⑤ that no one would ever love me like that again.

① 그래서요, 엄마는 나를 많이 좋아했었고, 우리 오빠도 되게 좋아했어요.
② 그리고, 음, 슬픈 작별도 없었어요.
③ 하지만 한 가지,
④ 엄마가 돌아가시고 며칠 후에 깨달았어요.
⑤ 아무도 다시 그렇게 나를 사랑해주지는 않을 것이라는 걸.

단어와 표현

* **dig** [dɪg 디ㄱ] ① 파다, 파내다 ② 헤집다 ③ 아주 좋아하다
* **a couple days** 며칠 (2~3일 정도)
* **pass** [pæs 패ㅅ] ① 지나가다 ② 나아가다 ③ 끝나다

① And so she **dug** me, **too**,
  d   d   d   **D**   d   **D**

  and she **dug** my **bro**ther a **lot**.
  d   d   **D**   d   **D**   d **D**

② And so... um... there **wouldn't**...
  d   d   d   d   **D**

  there was **no sad** good**byes**.
  d   d   **D' D**   **D'**

③ But for **one thing**,
  d   d   **D**   **D'**

④ I **real**ized a **couple days** after she **pa**ssed
  d **D**   d   **D'**   **D**   d   d   **D**

⑤ that **no one** would **ev**er **love** me
  d   **D D'**   d   **D**   **D'** d

  like **that** a**gain**.
  d   **D**   **D'**

Main Sentence
she **dug** me d **D** d

dug 어디서 많이 들어보셨을 거예요. dig의 과거형이죠. dig – dug –
dug. 우리가 알고 있는 dig는 무슨 뜻이죠? '땅 파다.' 그럼 대표문장은

'그녀는 나를 팠어.'라는 뜻인데, 이게 무슨 소리일까요? 다 들려도 해석이 안 될 수 있는 부분입니다. 이렇게 소리가 들려도 이해를 못할 수 있어요. 하지만 오히려 긍정적인 경우입니다. 표현을 배우면 그 다음부턴 듣고 바로 이해가 될 거니까요. 여기서 dig는 '파다'라는 뜻이 아니라 '좋아하다'라는 뜻으로 쓰였습니다.

TIP   Youglish.com 써보기

단어나 표현의 소리와 쓰이는 상황을 알고 싶을 때 Youglish를 사용하는 것을 추천합니다. Youglish 가셔서 dig도 쳐 보고, dug도 쳐 보는 거예요. 그래서 어떤 뉘앙스는 어떻게 소리를 내는지에 따라서 여러분이 그런 것도 배워볼 수 있겠죠.

---

① And so she **dug** me, **too**,
　 d　 d　 d　 **D**　 d　 **D**

　 and she **dug** my **bro**ther a **lot**.
　 d　 d　 **D**　 d　 **D**　 d **D**

<u>And so she **dug** me, **too**.</u>
리듬은 d d d D d D입니다. And so she까지 기능어가 입에서 빠르고 편하게 나오게 연습합니다. 충분히 편하게 나오면 **dug**에 훅! 뱉어주고 올라오는 소리에 me 처리하고 다시 too에서 훅! 뱉어주세요. And so. '그래서 있잖아요.' she dug me too. 여기에서 she는 엄마겠죠. '엄마가 나를 좋아했어요.' 과거형이죠, 돌아가셨으니까.

<u>and she **dug** my **bro**ther a **lot**.</u> and she가 먼저 편하고 빠르게 나오게 연습합니다. 그리고 **dug**에 훅! 뱉고 돌아오는 소리에 **bro**ther의 강세 **bro**에 훅! 뱉고, 돌아오는 사이에 -ther a까지 처리하고, **lot**에서 다시 훅! 뱉어주세요. 내용어 사이에 세기를 조절해주세요. dug, brother, lot 중에 영상에서는 **bro**ther에 가장 많이 힘이 들어갔어요. 이 문장에서 가장 중요한 정보죠. 마음의 움직임이 있는 말이기 때문에 천천히 말했어요.

② And so... um... there **wouldn't**...
  d   d   d   d   D

there was **no sad** good**byes**.
  d   d   D' D   D'

<u>And so... um.</u> 말을 고르는 거예요. 무슨 말을 할까.

<u>there **wouldn't**.</u> 사실 이게 뭘 썼는지는 정확하지 않아요. 말을 바꿨어요. there wouldn't으로 문장을 시작하다가 갑자기 하고 싶은 말이 바뀐 거죠. 우리도 한국어로 말할 때 그렇잖아요.

<u>there was no **sad** goodbyes.</u> 이 문장은 내용어가 많아요. no, sad, goodbyes 다 내용어죠. 어디에다 힘을 주는지에 따라 약간 뉘앙스가 바뀝니다. 영상에서는 **sad**에 훅! 뱉어줬어요. **sad**에서 훅! 뱉어주고 돌아오는 소리에 goodbyes 처리해줍니다. there was no까지 편하고 빠르게 나오게 연습합니다. 대신 no는 내용어니까 명료한 소리를 들려주세요. **sad** 할 때 a는 입이 큰 a입니다. **sad**할 때 입을 크게 벌려 주세요. goodbyes가 뱉어주는 내용어가 아니라도 내용어이기 때문에 byes에 강세를 제대로 주고 정확한 발음을 들려줍니다.

③ But for **one thing**,
  d   d   d   D   D'

<u>for **one** thing</u>은 '(여러 가지 이유들 중) 우선 한 가지 이유는/우선 첫째로'라는 뜻으로 많이 쓰입니다. 먼저 이 의미단위에서 내용어는 one과 thing이죠. 두 단어가 붙어 있어서 둘 다 훅! 뱉으면 끊어지겠죠? 그래서 하나에만 훅! 하고 뱉습니다. 영상에는 **one**에 훅! 뱉고 돌아오는 소리로 thing을 처리했어요. 하지만 thing도 정확한 발음과 강세로 소리 냅니다. 이제 기능어가 편하게 나오게 연습합니다.

<u>But for</u>가 내 입에서 빠르고 편하게 나오게 연습할게요. 어느 정도 편하게 나오면 전체 문장 d d D D' 리듬으로 연습하고 영어를 대입합니다. D' 리듬은 연습할 때 d 라고 생각하고 해주세요.

④ I **real**ized a **couple days** after she **pa**ssed
  d   D   D   d   D'   D   d   d   D

I **real**ized a couple **days**. 기능어인 I는 또박또박 '아이' 소리 내지 않고 '아' 정
도밖에 소리 내지 않습니다. **real**ized의 강세인 **real**에다가 훅! 뱉어줍니다. 그리
고 돌아오는 소리에 −ized a couple까지 처리하고 **days**에서 다시 훅! 뱉어 줄
게요. days에서 복수형 만드는 s는 z 소리가 납니다. 며칠이라는 뜻이죠. 한 2~3
일 정도를 의미합니다.

after she **pa**ssed. d d D리듬입니다. 일단 after she까지 편하게 나오게 연
습을 합니다. 그리고 **pa**에 훅! 뱉어줄게요. 이렇게 하면 소리 내는 게 훨씬 편하죠.
리듬을 타면서 말을 하는 거예요.

> **TIP** **죽다, 돌아가시다**
>
> '죽다'라는 의미로 passed가 쓰였는데요. 보통은 passed away까지 써줍니다. 그냥 pass라
> 고 하는 것보다 passed away까지 쓰면, 훨씬 더 명료하게 '돌아가시다. 죽다'라는 의미를 표현
> 할 수 있습니다.

자! 이제 의미단위들을 다 이어서 소리 내볼게요.
I **real**ized a couple **days** after she **pa**ssed.

⑤ that **no one** would **e**ver **love** me like **that** a**gain**.
  d   D   D'   d   D   D'   d   d   D   D'

that **no** one would **e**ver love me. 보통은 that과 no가 바로 이어져서 소리
내겠지만 영상에서는 that 하고 또 쉬었어요. 뒤에 중요한 말이 나오기 전에 생각했
다가 말하는 느낌이죠. **no**에 훅! 뱉고 들어오는 소리에 one would까지 처리합니
다. one은 여전히 내용어이므로 정확한 강세와 발음으로 소리 냅니다. 그리고 다시
ever의 강세 **e**에 훅! 뱉고 돌아오는 소리에 love me like까지 처리합니다. love
는 중요한 내용어이지만 강조를 위한 단어인 **e**ver에 훅! 뱉어주다 보니 love에 힘

258

이 빠졌어요. 대신 정확한 강세와 발음을 들려줍니다.

<u>like **that** again.</u> **that**은 약한 내용어여서 힘이 들어갈 때도 있고 안 들어 갈 때도 있지만, 이 영상에서는 훅! 뱉어주고, 들어오는 소리에 again 처리했어요. again은 여전히 내용어이므로 정확한 강세, 발음을 소리 냅니다.

전체 이어서 연습해볼게요.

<u>that **no** one would **e**ver love me like **that** again.</u>

너무 슬프죠? 정말 이 세상에 나보다, 나만큼 더 나를 사랑해줄 수 있는 사람. 엄마라는 존재가 사라졌어요. '이 세상에 그렇게까지 다시는 나를 사랑해줄 사람이 존재하지 않는구나.'라는 깨달음을 얻었을 때 너무 슬프겠죠. 저는 지금 상상해요. 아직 일어나지 않은 일이기 때문에 막상 현실로 다가오면 이 깨달음 자체가 너무 슬플 것 같아요. 이미 부모님을 잃으신 분들도 있으실 거예요. 저보다 그 느낌이 뭔지 훨씬 더 잘 아실 것 같아요.

자, 이제 소리튜닝 반복 훈련을 시작해볼까요?

① And so she **dug** me, **too**, and she **dug** my **bro**ther a **lot**.

② And so... um... there **wouldn't**...

there was **no sad** good**byes**.

③ But for **one thing**,

④ I **real**ized a **couple** days after she **pa**ssed

⑤ that **no one** would **ever love** me like **that** a**gain**.

TIP 완전히 외울 때까지 발음하면서 Writing도 반복하세요!

훈련 체크 ☐☐☐☐☐☐☐☐☐☐

Part 4 한–영 훈련

①그래서요, 엄마는 나를 많이 좋아했었고,

우리 오빠도 되게 좋아했어요.

②그리고, 음, 슬픈 작별도 없었어요.

③하지만 한 가지,

④엄마가 돌아가시고 며칠 후에 깨달았어요.

⑤아무도 다시 그렇게 나를 사랑해주지는 않을 것이라는 걸.

훈련 체크 ☐☐☐☐☐☐☐☐☐☐

dig

무언가 혹은 누군가를 좋아하다, 이해하다

> '좋아하다'라는 뜻으로 쓰려면 이렇게도 쓸 수 있죠.
> I dig this music. 나 이 음악 너무 좋아.
> I really dig her. 나 걔 너무 좋아.

1. A: Do you understand what I told you?

   (너 내가 했던 말 이해하니?)

   B: Yeah! I dig you.

   (응! 나 네가 한 말 이해해.)

2. I just don't dig what you are saying.

   (난 단지 네가 말하는 게 이해가 안 돼.)

3. I am gonna ask her out on date,
   'cause I really dig her.

   (나 그녀한테 데이트 신청할 거야.

   왜냐하면 내가 정말 그녀를 좋아하거든.)

4. I dig rock and roll music.

   (나는 락앤롤 음악을 좋아해.)

5.

Day 97
대표문장

You're not the first to go through it
당신은 그걸 겪는 첫 번째 사람이 아닙니다

2015년 11월 15일, 〈오프라 마스터 클래스〉에 전 프로레슬링 선수이자 영화배우인 드웨인 존슨이 출연했습니다. 방송에 앞서 짧은 영상이 2015년 11월 12일 OWN 유튜브 채널에 업로드 되었습니다. 자신이 우울했던 순간과 우울을 극복한 경험에 대해서 말해요.

Part 1 　오늘의 예습 Today's Preview

　MP3 파일 듣기

① One of the most important things
　you can realize is that you're not alone.
② You're not the first to go through it.
③ You're not going to be the last to go through it.
④ And often times, it happens.

① 당신이 깨달을 수 있는 가장 중요한 한 가지는,
　당신은 혼자가 아니라는 겁니다.
② 당신은 그걸 겪는 첫 번째 사람이 아닙니다.
③ 당신은 그걸 겪는 마지막 사람도 아니에요.
④ 그리고 그 일은 자주 일어나죠.

단어와 표현

＊important [impɔ́ːrtənt 임폴/은트]　① 중요한　② 유력한, 저명한
＊alone [əlóun 얼로운]　홀로, 혼자서
＊go through　① ~을 살펴보다, 검토하다　② ~을 겪다
＊last [lɑːst (을)라스트]　형용사: 맨 마지막의, 끝의, 최후의　명사: 최후의 사람/물건

소리튜닝 Day97

① **One** of the **most** impor**tant** **things**
  D' d d   D'   D   D'

you can **real**ize is that you're **not** a**lone**.
  d   d   D   d d d d D   D'

② You're **not** the **first** to **go** through it.
  d   d   D d   D   d D   d   d

③ You're **not** going to be the **last** to **go** through it.
  d   d   D   d   d d d   D   d D   d   d

④ And **often** **ti**mes, it **ha**ppens.
  d   D   D'   d   D

Main Sentence

You're **not** the **first** to **go** through it.
  d   d   D d   D   d D   d   d

---

go through 하면 '경험하다'라는 뜻을 가지고 있어요. experience인데, go through의 경우 '나쁜/어려운 경험을 겪다'라는 뜻을 가지고 있어요. something bad, something unpleasant.

① **One** of the **most** impor**tant** **things**
  D' d d   D'   D   D'

you can **real**ize is that you're **not** a**lone**.
  d   d   D   d d d d D   D'

One of the most im**por**tant things.

One of the까지 먼저 편하게 나오게 연습해주세요. 벌써 여러 번 나오고 있는 조합이죠. one은 내용어이지만 여기서 뱉어지는 소리는 아니에요. 대신 정확한 강세와 발음으로 소리 냅니다. one의 발음 기호는 [wʌn]입니다. 그래서 소리 낼 때 w 입모양을 해주고 시작할게요. 이 소리가 편해졌으면 다음 것 가볼게요.

most im**por**tant things. 전부 내용어입니다. 다 뱉어주면 너무 힘들고 다 끊어지겠죠. 가장 강조하고 싶은 소리에 훅! 뱉어줍니다. 영상에서는 im**por**tant에 훅! 뱉고 나머지는 이어지는 소리에 처리했어요. 하지만 여전히 내용어들이라서 정확한 강세와 발음을 신경 써줍니다. 일단 im**por**tant. 't + 모음 + n' 구조입니다. 이런 구조는 por 하고 호흡을 살짝 끊어줍니다. '임포턴트'가 아니라 '임포/ 은ㅌ' 이렇게 소리 냅니다.

you can **real**ize. d d D 리듬입니다. 먼저 **real**ize를 강세 **real**에 제대로 훅! 뱉어줍니다. 전체 리듬을 연습하고 영어를 대입합니다. can에 잘못 힘을 주면 can't로 잘못 이해할 수 있어요.

is that you're **not** alone. 이 의미단위에서 내용어는 not과 alone입니다. 두 단어가 붙어 있으니 한 단어에만 훅! 뱉어줄게요. 영상에서는 **not**에 뱉어주고 돌아오는 소리에 alone 처리했어요.

'우리가 깨달아야 되는 가장 중요한 것 중의 하나는 뭐냐면, 너는 혼자가 아니라는 거야.' 보통 자신이 혼자만 이런다고 생각해서 우울증을 앓는 거잖아요. 그러니까 이런 얘기를 해주는 거예요.

② You're **not** the **first** to **go** through it.
d d D D d D d D d d

이 문장에서 내용어는 not, first, go입니다. 이 3단어만 조합해봐도 어느정도 의미를 알 수가 있어요. 먼저 정확한 발성, 강세, 발음으로 연습할게요. 어느 정도 편해졌으면, 기능어 연습합니다.

264

You're는 빠르고 편하게 나오게 연습합니다. **not**에 훅! 뱉고 돌아오는 소리에 the 처리합니다. 이때 **not** the는 't + 자음' 구조여서 호흡을 살짝 훅! 끊어줍니다. **first**에 훅! 뱉고 돌아오는 소리에 the 처리해요. **go**에서 훅! 뱉고 through it까지 처리합니다.

③ You're **not** going to be the **last** to **go** through it.
　　 d　 d　 D　　D　　d　　d　 d　　d　　D　 d　 D　　　d　　　d

이 문장에서 내용어는 not, last, go입니다. 이 전 문장과 구조가 똑같은데 the last만 다릅니다. the first의 반대가 the last죠.
앞 문장과 마찬가지로 You're 입에서 편하게 웅얼거리다가 **not**에 훅! 뱉고 돌아오는 소리에 gonna be the까지 처리하고, 다시 **last**에서 훅! 뱉고 돌아오는 소리에 to 처리하고, 다시 **go**에 훅! 뱉고 돌아오는 소리에 through it까지 처리합니다. 마찬가지로 **not** 다음에 gonna가 와서 t 다음에 자음으로 시작하므로 **not** 하고 호흡을 살짝 끊습니다.

④ And **often ti**mes, it **ha**ppens.
　　 d　　　D　　　D'　 d　　　D

이 문장에서 내용어는 often, times, happens입니다. 먼저 내용어부터 제대로 된 발성, 강세, 발음으로 연습합니다. **often**의 강세는 **o**입니다. 발음기호 [ɔ(ː)ftən]를 보면 여기서 o는 '어' 소리가 나고 살짝 길게 소리 내주죠. **often**에 훅! 뱉고 돌아오는 소리에 times it까지 처리합니다. 이때 times은 제대로 된 강세와 발음으로 소리 냅니다. 그리고 **ha**ppens의 강세 **ha**에 훅! 뱉습니다.

자, 이제 소리튜닝 반복 훈련을 시작해볼까요?

Part 3 소리 반복훈련

🎧 MP3 파일 듣기

① **One** of the **most** im**por**tant **things**
   you can **real**ize is that you're **not** a**lone**.
② You're **not** the **first** to **go** through it.
③ You're **not** going to be the **last** to **go** through it.
④ And **often** **ti**mes, it **ha**ppens.

TIP	완전히 외울 때까지 발음하면서 Writing도 반복하세요!

훈련 체크 ☐☐☐☐☐☐☐☐☐☐

Part 4 한-영 훈련

① 당신이 깨달을 수 있는 가장 중요한 한 가지는,
   당신은 혼자가 아니라는 겁니다.
② 당신은 그걸 겪는 첫 번째 사람이 아닙니다.
③ 당신은 그걸 겪는 마지막 사람도 아니에요.
④ 그리고 그 일은 자주 일어나죠.

TIP	소리튜닝 배운 대로 하루 동안 틈나는 대로 무한 반복해서 외우세요! 한글을 보면서 영
어문장이 자동적으로 떠오를 때까지.	

훈련 체크 ☐☐☐☐☐☐☐☐☐☐

266

Part 5

표현 저널 쓰기 Expression journal

go through

나쁜 경험을 하다, 검사하다

첫 번째, '행복하지 않은, 나쁜 경험을 하다, 겪다'라는 뜻으로 쓸 수 있어요. go through를 쓰면 '나쁜 경험이구나.'라는 생각을 하셔야 돼요.
두 번째, '뭔가를 철저하게 검사하다, 검토하다'의 뜻으로 쓰일 수도 있습니다.

1. I've gone through too much.
   I deserve to be happy now.
   (나는 나쁜 걸 너무 많이 겪었어.

   이제 좀 행복해질 자격이 있어.)

2. Hey, remember to go through the pockets
   before you put your clothes in the wash machine.
   (옷들을 세탁기에 넣기 전에 주머니 확인해야 해.)

3.

4.

5.

인생은 up and down인 것 같아요. high and low.

드웨인 존슨, 이분도 그렇죠. 잘렸어요. 상사가 오라고 했는데 안 갔어. 왜? 나는 다른 아이디어가 생각났거든. 만약 그때 안 잘리고 계속 일했어봐요. 그런 생각이 떠올랐을까요? 안 떠오르죠.

사람마다 처지는 시간이 있거든요. 사고가 나서 그럴 수 있고, 혼자 동굴 속에 들어갈 수 있고. 그것을 지나면 뭔가 더 깨달음이 있을 거예요. 뭔가 더 좋은 일이 있을 거예요. 그렇게 생각을 한다면 우울할 때 뭔가 안 좋은 상황이 겹쳐서 오잖아요. 그럴 때 I'm not alone. 이렇게 생각하시면 마음 편하잖아요.

영어도 배우고, 인생 공부도 하고, 너무 좋네요. 내용 조금 더 볼까요?

I found that with depression one of the most important things you could realize is that you're not alone. You're not the first to go through it. You're not gonna be the last to go through it. And often times it happens. You just you feel like you're alone and you feel like it's only you and you're in your bubble and I wish I had someone at that time who could just pull me signed a it's gonna be okay. It'll be okay. So I wish I knew that just got to remember hold on to that fundamental quality of faith. Have faith. And the other side of your pain is something good.

**The universe is filled with endless opportunities
for me and my career.**
우주는 나 자신과 나의 일을 위한 끝없는 기회로 가득 차 있다.

Day 98
대표문장

The bottom line is
결론이 뭐냐면

2011년 6월 12일, 『5초의 법칙』을 펴낸 베스트셀러 작가 멜 로빈스가 미국의 국제 콘퍼런스인 〈테드(TED)〉에서 강연했습니다.

Part 1 오늘의 예습 Today's Preview

🎧 MP3 파일 듣기

① No one's coming to push you.
② No one's coming to tell you to turn the TV off.
③ No one's coming to tell you
   to get out the door and exercise.
④ The bottom line is, no one's coming.
⑤ No one.

① 아무도 당신을 밀어주러 오지 않습니다.
② 아무도 당신에게 TV를 끄라고 하러 오지 않아요.
③ 아무도 나가서 운동하라고 말하지 않아요.
④ 결론이 뭐냐면, 아무도 오지 않을 거라는 겁니다.
⑤ 어느 누구도.

단어와 표현

* **push** [pʊʃ **프쉬**]
  동사: ① 밀다, 밀치다 ② 밀어붙이다, 독려하다 ③ 다그치다, 강요하다
  명사: ① 밀기, 누르기 ② 대공격, 분투 ③ 격려, 독려
* **exercise** [éksərsàiz **엑**설사이즈] ① 운동; 체조 ② 연습, 실습, 훈련
* **bottom** [bátəm **바럼**]
  ① 밑바닥, 바닥 ② 기초, 토대; 근본; 진상, 원인 ③ 밑바닥 부분, 하부

① **No one**'s **co**ming to **push** you.
   D   D' d   D   d   D   d

② **No one**'s **co**ming to **tell** you to **turn** the TV off.
   D   D' d   D   d D   d d   D   d D d

③ **No one**'s **co**ming to **tell** you
   D   D' d   D   d   D   d

   to **get** out the **door** and **e**xercise.
   d D' d   d   D   d   D

④ The **bottom line** is, **no one**'s **co**ming.
   d   D   D' d D D' d   D

⑤ **No one**.
   D   D'

Main Sentence

The **bottom line** is
d   D   D' d

---

bottom line. 이 표현 때문에 대표문장으로 가지고 왔습니다. bottom
하면 밑바닥이라는 뜻이에요. 이 표현은 기원이 뭘까요? 회계 장부에서 손
실과 이득을 계산한 후에 맨 끝 행에 남는 게 있잖아요. 그게 가장 중요한
최종 결론이죠. 여기에서 나온 말입니다. the bottom line. 그 마지막
행이, '다시 말해서, 결론은, 최종은, 다시 말해서 가장 중요한 사실은 뭐냐
면.' 이라고 쓰실 수 있습니다. 꼭 기억해두세요.

① **No one**'s **co**ming to **push** you.
   D D' d   D   d D   d

No one's **co**ming. 이 의미단위는 is 빼면 다 내용어입니다. 내용어 사이 세기를 조절해줍니다

No와 coming 둘 다 똑같이 힘을 주면 어색하게 들려요. 여기에서는 **No**에 가장 많은 힘이 들어갔어요. **No**에 훅! 뱉고 올라오는 소리에 one's 처리해주고 **co**ming의 강세 **co**에 훅! 뱉어줍니다.

to **push** you. d D d 바나나 리듬입니다. 앞 단어인 **co**ming에 훅! 뱉고 돌아오는 소리에 to 처리하고 다시 **pu**sh의 강세 **pu**에 훅! 뱉고 돌아오는 소리에 you 처리합니다.

내용어인 push는 발성, 강세, 발음을 생각하면서 먼저 연습해봅니다. push의 u는 good에서 배운 말발굽 소리입니다. 짧게 '으' 하는 느낌으로 소리 냅니다. '푸쉬' 하지 않아요. 굳이 한국으로 쓰자면 '프쉬' 정도입니다.

음소단위 oo

oo 소리 중에 말발굽 소리가 있다고 했죠. good 할 때 소리입니다. 짧게 소리 내면서 한국어로 '으' 하는 느낌으로 하면 맞다고 했거든요. 절대 헷갈리면 안 되는 게 moon 소리라고 했어요. moon은 입을 내밀고 길게 빼지만, 얘는 '으' 하면서 짧게 끝난다고 했습니다. 그게 바로 이 소리입니다.

자! 이제 의미단위들 이어서 소리 내볼게요.
No one's **co**ming to **push** you.

② **No one**'s **co**ming to **tell** you to **turn** the TV off.
   D D' d   D   d D   d d   D   d D d

No one's **co**ming. D D'd D 리듬입니다. **No**에 훅! 뱉고 돌아오는 소리에

one's 처리합니다. one's는 [wʌnz] 이렇게 한 단어처럼 소리 냅니다. 그리고 다시 **co**ming의 강세 **co**에 훅! 뱉고 돌아오는 소리에 −ming to까지 처리합니다. to **tell** you. d D d. 바나나 리듬입니다. 내용어 **tell** 먼저 강세, 발성, 발음 생각해서 연습합니다. **tell**에 뱉고, 돌아오는 소리에 you 처리하세요.
to **turn** the **TV** off. 강세가 **turn**에 훅! 뱉고 the T까지 처리합니다. **TV**는 television의 줄임말입니다. 줄임말의 강세는 뒤 단어에 있습니다. 힘이 들어가고 음이 올라갑니다. **V**에 힘주고 돌아오는 소리에 off 처리할게요.

쟈! 이제 이 3개의 의미단위를 다 이어볼게요.
No one's **co**ming to **tell** you to **turn** the **TV** off.

③ **No** **one**'s **co**ming to **tell** you
  D D' d   D   d D d

  to **get** out the **door** and **e**xercise.
  d D' d   d   D   d   D

No one's **co**ming to **tell** you. 앞 문장과 계속 반복되고 있죠. 입에서 편하게 나올 때까지 연습해주세요.

to get out the **door**.
get out은 자음끝 + 모음시작 구조라서 '겟 아웃'이 아니라 t 다음에 o가 붙으니까 이어지죠. 그래서 '**get**out', '게라웃' 이렇게 한 단어처럼 소리 내면 편합니다.

일단 to get out the까지 편하게 나오게 연습합니다. 편해졌으면, **door**에서 훅! 뱉을게요.

and e**x**ercise. e**x**ercise의 강세는 **e**에 있어요. e**x**ercise의 발음기호 [éksərsàiz]를 보면 x는 ks 소리입니다. '엑!' 하고 k 소리를 넣어줍니다.

항상 긴 문장은 의미단위로 자르면 됩니다. 말할 때도 의미단위씩 생각하면서 말해 주는 연습을 하면 좋습니다.
No one's **co**ming / to **tell** you / to get out the **door** and **e**xercise.

④ The **bo**ttom **line** is, **no one**'s **co**ming.
　　d　　D　　　D'　d　D　D'　d　　D

The **bo**ttom line is. 이 의미단위에서 내용어는 bottom과 line입니다. bottom의 발음기호 [bátəm]를 보면 t에 강세가 없어서 '바럼' 이렇게 편하게 소리 낼 수 있어요. **bo**ttom 강세 **bo**에 훅! 뱉고 돌아오는 소리에 line is까지 처리합니다. '**lin**(e)is' 이렇게 자음끝 + 모음시작 구조라서 **li**nis 이렇게 **li**에 강세가 있는 한 단어라는 느낌으로 소리 냅니다.
no one's **co**ming. '아무도 안 와.'

⑤ **No one**.
　 D　D'

둘 다 내용어이지만 **No**에 훅! 뱉고 돌아오는 소리에 one 처리합니다. 하지만 여전히 one은 내용어이므로 [wʌn]의 w 소리를 위해 입이 뽀뽀하듯 충분히 오므려져야 해요. 리듬 연습하고 영어 대입합니다.

자, 이제 소리튜닝 반복 훈련을 시작해볼까요?

영어에 그들만의 문화,
감정을 넣어보세요

저는 러시아어도 하고 영어도 합니다. 러시아어는 제게 '우울하고 불만이 많다'는 느낌이에요. 사람들이 그렇다는 게 아니라 제 머릿속 세팅을 그렇게 해요. 그렇게 말했을 때 조금 더 러시아스러운 느낌이 나요.
영어는 감정이 풍부한 느낌이죠. 영어 할 줄 아는 러시아 사람들도 영어 할 때와 러시아어 할 때의 표정이나 느낌이 완전히 달라요.

언어와 문화는 좀 연결이 되는 것 같죠? 영어의 문화를 받아들여봅시다.

① **No one**'s **co**ming to **push** you.

② **No one**'s **co**ming to **tell** you to **turn** the **TV** off.

③ **No one**'s **co**ming to **tell** you

   to **get** out the **door** and **e**xercise.

④ The **bo**ttom **line** is, **no one**'s **co**ming.

⑤ **No one**.

| TIP | 완전히 외울 때까지 발음하면서 Writing도 반복하세요! |

훈련 체크 ☐☐☐☐☐☐☐☐☐☐

Part 4 한–영 훈련

①아무도 당신을 밀어주러 오지 않습니다.

②아무도 당신에게 TV를 끄라고 하러 오지 않아요.

③아무도 나가서 운동하라고 말하지 않아요.

④결론이 뭐냐면, 아무도 오지 않을 거라는 겁니다.

⑤어느 누구도.

훈련 체크 ☐☐☐☐☐☐☐☐☐☐

the bottom line

결론

> '그게 가장 중요한 사실이야.'라고 강조해서 말할 때도 쓸 수 있는 표현이에요.
> 여러분이 생각할 때 중요한 결론 같은 것을 쓰시면 괜찮습니다.
> The bottom line is that ∼. 중요한 건 뭐냐면, ∼

1. The bottom line is clear.
   (결론은 참 명확해.)

2. That's the bottom line.
   (그게 결론이야.)

3. So what's the bottom line?
   (그래서 결론이 뭐야?)

4.

5.

14주차 한영 훈련 중첩 복습

92일부터 98일까지 끝내셨습니다. 반복연습 계속해오셨나요?
복습해봅시다! 다음 한글 표현에 맞게 영어문장을 떠올리고 소리튜닝하여 발음해보세요!

DAY 92

① 내 정체를 탄로 나게 하지 마.
② 나 너무 긴장 돼, 얘들아.
③ 네가 그렇게 칠칠맞지 못하지만 않았어도 애초에 여기 있지 않았을 거야.
④ 나는 단지 도와주고 싶었을 뿐이야.

DAY 93

① 자, 커피 마셔.
② 이게 너를 확 깨게 만들 거야.
③ 아이스 베어는 카페인을 못 견뎌.
④ 아, 제발.
⑤ 우리는 사람들을 실망시키고 싶지 않잖아.

DAY 94

① 나 거기 여러 번 가봤는데 진짜 환상적이야.
② 너 줄 서서 기다렸어?
③ 왜냐하면 줄이 코너를 빙 돌아서 있거든.
④ 그리고 그들이 말하길 아무도 새치기 할 수 없대.
⑤ 넌 언제나 나를 곤란하게 하는구나.

DAY 95

① 저는 그것에 대해서 많이 생각해보지 않았어요.

② 저는 주식도 판 적이 없어요.

③ 단지 정말로 믿었어요.

④ 회사가 장기적으로 잘할 것이라고요.

DAY 96

① 그래서요, 엄마는 나를 많이 좋아했었고, 우리 오빠도 되게 좋아했어요.

② 그리고, 음, 슬픈 작별도 없었어요.

③ 하지만 한 가지,

④ 엄마가 돌아가시고 며칠 후에 깨달았어요.

⑤ 아무도 다시 그렇게 나를 사랑해주지는 않을 것이라는 걸.

DAY 97

① 당신이 깨달을 수 있는 가장 중요한 한 가지는,
   당신은 혼자가 아니라는 겁니다.

② 당신은 그걸 겪는 첫 번째 사람이 아닙니다.

③ 당신은 그걸 겪는 마지막 사람도 아니에요.

④ 그리고 그 일은 자주 일어나죠.

DAY 98

① 아무도 당신을 밀어주러 오지 않습니다.

② 아무도 당신에게 TV를 끄라고 하러 오지 않아요.

③ 아무도 나가서 운동하라고 말하지 않아요.

④ 결론이 뭐냐면, 아무도 오지 않을 거라는 겁니다.

⑤ 어느 누구도.

갓주아의 14주차 소리튜닝 특강
– 나는 소리튜닝의 어느 정도까지 됐을까?

첫 번째, 나는 소리는 캐치가 다 되는데 무슨 얘기인지 모르겠어요.
두 번째, 소리 캐치가 안 돼요. 전혀 안 되거나 몇몇 개가 안 돼요.
여러분 어떤 경우이신 것 같아요? 첫 번째? 아니면 두번째?

만약 첫 번째 경우라면 축하드립니다. 이제 소리가 많이 들리기 시작하신 거예요. 소리튜닝의 첫 번째는 먼저 소리를 다 캐치할 수 있게 만드는 겁니다. 점점 안개가 없어지는 게 소리튜닝의 첫 번째 단계예요.

그런데 두 번째, 소리가 아직 다 캐치가 안 돼요. 예를 들어서 열 단어 중에 두 단어 정도 캐치가 안 될 수 있죠. 그러면 얼마 안 남은 거예요. 조금만 더 하면 돼요. 지금까지 해왔던 것들을 조금 더 많이 하실 필요가 있습니다. 아직 소리튜닝이 덜 됐다고 생각하시면 돼요.

우리는 아이가 모국어를 공부하는 방식이랑 똑같은 느낌으로 하고 있는 거예요. 그래서 첫 번째 단계에서 하는 게 소리 튜닝이죠. 소리튜닝을 하고 나면 영화나 미드 한 편을 끝내라고 합니다. 이 다음에 우리가 기대할 수 있는 영어 수준은 사실 '영어 천재'가 아닙니다. 원어민 5세~6세 정도를 기대할 수가 있습니다.
5~6세의 언어를 한번 생각해보세요. 한국인 5~6세 아이는 어떻죠? 부모랑 대화하는 데 전혀 문제가 없죠. 소리 어때요? 못 알아듣겠는 말 없

죠. 어느 정도 표현도 대충 알죠. 엄마, 아빠가 하는 말도 다 알아듣습니다.

물론 어려운 단어들은 뜻을 모를 수 있어요. 예를 들어서 "엄마, 미세먼지가 뭐야?" 이렇게 물어볼 수 있어요. 그러면 이 말은 무슨 뜻인가요? 소리를 완벽하게 캐치했다는 얘깁니다. 엄마 아빠가 하는 소리를 완벽하게 카피할 수 있는 능력이 있다는 말이에요. 그런데 뜻을, 표현을 모르니 대화를 이해할 수 없는 수준입니다.

우리가 소리튜닝을 하고 나서 우리가 기대할 수 있는 것이 뭘까요? '듣고서 바로바로 해석된다'? 안 됩니다. 소리가 조금 더 명료하게 잘 들리고, 소리가 더 확 하고 귀에 잡히는 거예요.

아까 '미세먼지'를 몰랐던 아이는 이제 어떻게 배우나요? 엄마가 설명해주죠. "미세먼지는 이러이러한 거야." 그러면 단어와 표현의 뜻과 뉘앙스를 기억하는 거예요. 물론 한번에 기억하지는 못하겠죠. 인내심을 가지고 몇 번씩 반복해서 알려주고 듣습니다. 그러면 아이가 어느새 그 말을 쓰고 있어요. "엄마, 오늘 미세먼지가 어느 정도래?" 이렇게요.

이런 식으로 해서 아이가 언어를 익혀 나가는 거예요. 우리가 하는 수준도 똑같습니다. 소리를 캐치할 수 있으면 첫 번째 단계는 된 거예요. 의미는 몰라도 괜찮은 단계예요. 그 표현을 익히면 이제 이해가 가기 시작하는 거니까요.

Week 15

Day 99
|
Day 105

I believe in myself.
나는 스스로를 믿는다.

Day 99
대표문장

Had it not been for music
음악이 없었다면

미국의 비즈니스 잡지 〈포브스(Forbes)〉에서 2010년 9월 22일, 기업인 워런 버핏과 래퍼 제이지(Jay-Z)가 함께한 인터뷰를 공개했습니다. 워런 버핏은 자신이 1930년대 백인으로 태어난 것만으로도 운이 좋은 것이라고 합니다. 제이지는 뭐라고 말할까요?

Part 1 오늘의 예습 Today's Preview

🎧 MP3 파일 듣기

① You know, and had it not been for music,
and music taking me out, you know,
② at the right time, you know,
③ my life could very easily have been his.
④ Very easily.
We were together every single day.

① 나를 구렁텅이에서 꺼내준 음악이 없었다면,
② 딱 맞는 시간에 말이야.
③ 내 인생은 아주 쉽게 그의 인생처럼 되었을 거야.
④ 정말 쉽게. 우리는 정말 매일 함께 있었거든.

단어와 표현

＊**the right time** 적당한 때, 알맞은 때

① You know, and had it **not** been for **mu**sic,
   d   D'   d d d D d   d   D

and **mu**sic **taking** me **out**, you know,
  d   D   D'   d   d   d   D'

② at the **right time**, you know,
   d d   D   D'   d   D'

③ my **life** could **very ea**sily have been **his**.
   d   D   d   D   D'   d   d   d

④ **Ve**ry **ea**sily.
    D   D'

We were to**ge**ther **every** **sin**gle **day**.
 d   d   D   D   D   D

Main Sentence

Had it **not** been for **mu**sic,
 d d D   d   d   D

Had it not been for은 가정법 과거완료입니다. 여기서 나오는 문법은 뭐죠? 원래는 가정법이니까 if가 나와야 돼요. If it had not been for. 그런데 if가 생략이 되면 it과 had의 위치가 바뀝니다. Had it not been for. 그래서 이렇게 된 겁니다.

과거의 어떤 사실을 반대로 가정해보는 거예요. 예를 들어서 지금 이 문장에서는 '음악이 없었더라면'으로 가정하지만 실제로 과거의 제이지에게는 음악이 있었죠. 이게 바로 가정법 과거완료입니다.

문법적 용어는 중요하지가 않아요. 내가 과거에 있었던 사실을 반대로 할 때는 이렇게 표현을 한다고만 기억해두시면 돼요.

① You know, and had it **not** been for **mu**sic,
   d   **D'**   d   d d **D** d   d   **D**

    and **mu**sic **taking** me **out**, you know,
    d   **D**   **D'**   d   d   d   **D'**

<u>You know.</u> 필러입니다. 생각의 버퍼링이라 know가 내용어지만 힘이 들어가지 않고 흘리듯 소리 냅니다.

<u>had it **not** been for **mu**sic.</u> 이 문장의 리듬은 d d D d d D입니다. 기능어가 많아서 빠르게 말할 수가 있어요. had it이니까 자음끝 + 모음시작 구조죠. 'hadit' 이렇게 이어집니다. not been은 't + 자음시작' 구조라서 t 다음에 호흡을 살짝 끊으세요. 리듬 연습하고 영어를 대입해주세요.

가정법 과거 구조입니다. 문법을 머리로 이해하려고 하지 말고 입으로 기억하세요. 내용이 응용이 돼도 많이 바뀌지 않습니다. for 다음 대상만 바꿔주면 되는 거죠. music 대신에 다른 단어들을 넣어주면서 이 구조를 입으로 익히세요.

<u>and **mu**sic taking me **out**,</u> taking me **out** 하면 나를 꺼내서 밖으로 빼주는 거죠. 이어동사입니다. **out**에 음이 올라가고 힘을 약간 주세요. **mu**sic의 강세인 **mu**에 훅! 뱉고 돌아오는 소리에 taking me까지 처리합니다. 그리고 다시 **out**에 훅! 뱉으세요. 리듬을 몸으로 먼저 느껴보고 영어를 대입해봅니다.

'음악이 없었다면, 그러니까 나를 꺼내준 음악이 없었다면' 이렇게 해석할 수 있겠죠. **mu**sic은 '뮤직' 이러시면 안 돼요. '뮤우직.' 내용어에 악센트를 길게 하면 훨씬 더 리드미컬해요. 제이지의 영상을 보시면 엄청 리드미컬해요. 역시 힙합하시는 분이라 다르죠. 힙합하는 느낌으로 영어해주세요.

조금 길지만, 의미단위씩 끊어 연습했으니 조금 쉬울 거예요. 이어서 소리 내 볼게요.
You know, had it **not** been for **mu**sic and **mu**sic taking me **out**,

② at the **right** time, you know,
    d   d   **D**   **D'**   d   **D'**

you know. 생각하죠. 버퍼링이 많은 편입니다. 여러분도 뭔가 말하다가 생각이 안
나면 당황해 하지 말고 '유노〜' 하면서 시간을 끌어보세요.
at the **right** time. d d D D' 리듬입니다. '딱 맞는 시간에 혹은 적당한 이 시간
에, 적기에' 정도로 해석할 수 있어요. at the 편하게 먼저 연습하시고요. **right**에
서 훅! 뱉고 돌아오는 소리에 time 단어의 정확한 강세와 발음으로 소리 내주세요.

③ my **life** could **ve**ry **ea**sily have been **his**.
   d   **D**   d   **D**   **D'**   d   d   d

"〜 했었더라면, 〜 했었을 거야."라는 의미입니다. '제이지에게 음악이 없었다면'이
라고 가정을 했고, 그리고 '그럼 어땠었겠지.' 하고 상상하는 문장입니다.

이 문장에서 중요한 건 **life**예요. l 음소단위 생각해서 제대로 들려줍니다. '(을)life'
하고 소리 내주세요.
my **life** could **ve**ry easily. very easily 둘 다 내용어라서 어느 곳에 힘을 줘
도 괜찮습니다. 영상에서는 **ve**ry에 훅! 뱉고 돌아오는 소리에 easily 처리했어요.
d D d D D' 리듬입니다. could를 정확하게 발음하기 위해 입이 불편해서는 안 됩
니다. 음소단위에 맞는 최소한의 입모양만 해줍니다.
have been **his**. 이 문장에서 **his**는 원래 his life가 생략된 거죠. 그래서 원래
his가 기능어라서 힘이 안 들어가는데 **his**에 훅! 하고 뱉어줬어요. have been 입
으로 편하고 빠르게 여러 번 연습합니다.

이어서 소리 내볼게요.

my **life** could **ve**ry easily has been **his**.

④ **Ve**ry **ea**sily. We were to**ge**ther **e**very **sin**gle **day**.
    D   D'   d   d   D   D   D   D

We were to-까지 힘 들어가지 않고 빠르고 편하게 나오게 연습합니다. 편해졌으면, to**ge**ther의 강세 **ge**에 훅! 뱉어주고 돌아오는 소리에 −ther 처리합니다.
every **sin**gle **day**는 하나하나 강조하면서 힘이 다 들어갔어요. 다 내용어이기도 하고, 그냥 every day 해도 되는 것이지만 굳이 강조하고 싶을 때, single을 넣습니다. 그래서 하나하나 따로따로 소리를 내면서 '매일매일'이라는 의미를 더 살려줄 수 있어요.

그래서 '음악이 없었다면 나도 아마 감옥에 갔었을 거고, 이렇게 성공하지 않았을 거고, 그래서 이것도 하나의 운이야.'라고 얘기를 하는 거죠.

자, 이제 소리튜닝 반복훈련을 시작해볼까요?

맞든 틀리든
지르는 게 좋습니다

한국 사람들은 완벽주의 성향이 있잖아요. 내 머릿속에서 완벽하지 않은 문장은 절대 입 밖으로 나가지 않죠.

이게 어떻게 보면 외국어를 배우는 데 있어서 가장 나쁜 습관이에요. 그래서 그냥 아무 데나 가서 지르는 연습을 하셔야 돼요. 맞든 틀리든. 이런 생각으로 하시는 거죠.

"나는 외국인인데 틀리는 건 당연한 거지!"

🎧 MP3 파일 듣기

① You know, and had it **not** been for **mu**sic,
   and **mu**sic **taking** me **out**, you know,
② at the **right time**, you know,
③ my **life** could **very ea**sily have been **his**.
④ **Ve**ry **ea**sily. We were to**ge**ther **every single day**.

> TIP   완전히 외울 때까지 발음하면서 Writing도 반복하세요!

훈련 체크   □□□□□□□□□□

Part 4   한–영 훈련

① 나를 구렁텅이에서 꺼내준 음악이 없었다면,
② 딱 맞는 시간에 말이야.
③ 내 인생은 아주 쉽게 그의 인생처럼 되었을 거야.
④ 정말 쉽게. 우리는 정말 매일 함께 있었거든.

> TIP   소리튜닝 배운 대로 하루 동안 틈나는 대로 무한 반복해서 외우세요! 한글을 보면서 영
> 어문장이 자동적으로 떠오를 때까지.

훈련 체크   □□□□□□□□□□

had it not been for = If it had not been for
주어 + 조동사과거(would/should/could/might) have + p.p

～가 없었다면 ～했었을 텐데

> 가정법 과거 완료는, 주어+조동사 과거 (would/should/could/might)
> have + p.p를 씁니다. 기본적으로는 그런데 아까 말씀드린 것처럼 이렇게 기
> 억해두면 스피킹으로는 안 나와요. 머릿속으로 한번 훑었다가 나가야 돼요. 그
> 래서 이 구조로 되어 있는 본인이 좋아하는 문장으로 연습해서 입이 기억하게
> 하는 것이 좋습니다.

1. Had it not been for you, what would I have done?
   (네가 없었더라면, 내가 어떻게 했을까?)

2. If it had not been for you, I couldn't have done it.
   (네가 없었더라면, 나는 그걸 해내지 못했을 거야.)

3. Had it not been for your help, I would have failed.
   (당신의 도움이 없었다면, 나는 실패했을 거야.)

4.

5.

제이지와 워런 버핏이 "우리 삶에는 어느 정도의 운이라는 게 있는 것 같아."라고 말을 하고 있습니다. 그런데 운이라는 게 물론 선택할 수 없는 부분이죠.

제이지 입장에서는 워런 버핏보다 더 열악한 환경이죠. 흑인으로 태어나서 가난한 집안에서 태어났어요. 성공하기에는 워런 버핏에 비해 훨씬 힘든 상황이지만 뮤직이라는 탤런트가 있었고요. 다행히 그 탤런트를 그냥 썩히지 않고 이걸 가지고서 꿈을 꿨죠. 그렇기 때문에 성공할 수 있지 않았나 싶습니다.

운을 무시할 수는 없지만, 그 운이라는 것도 그냥 내버려두면 날아가죠. 그리고 그게 운이었는지도 모르게 되죠. 솔직히 나중에 성공하고 나서 '지금 생각해보니 사실 그때가 나에게는 기회였어.'라고 알 수 있는 것이지, 기회를 날리고 나서는 그것이 기회였음을 모르는 겁니다.

제이지의 동네에서는 성공하는 사람을 찾기가 많이 힘들다고 합니다. 오히려 감옥 가는 사람을 찾는 게 훨씬 더 쉽다는 거죠. 그러면서 말합니다.

'사실 내가 친하게 지냈던 친구가 있는데 최근에서야 집으로 돌아왔어.

13년간 감옥에 있다가 드디어 풀려났어. 그 친구는 정말 좋은 사람인데도 감옥에 갈 수밖에 없었어. 나도 그럴 가능성이 정말 컸어.'

그래서 제이지에게 운은 바로 음악이었다는 거예요.

앞 부분 내용 조금 더 들어볼까요.

I mean there are very few people that my neighborhood, you know, in my environment that make it out. I mean, forget about being to be successful to make it alive. you know, ought to be incrarcerated, you know, I have a great friend, you know, who just came from home was one of the most beautiful people you ever meet, you know, he's you know he just come from doing 13 years and we were together every single day, you know, and had it not been for music. and music taking me out, you know, at the right time, you know, my life could very easily have been his. Very easily. We were together every single day.

Day 100
대표문장

As a matter of fact
사실은 있잖아

오스트리아 태생의 미국 배우 아널드 슈워제네거의 이야기입니다. 오스트리아 작은 마을에서 독일어를 모국어로 가지고 태어나서, 미국의 바디빌더가 되고, 영화 배우에 정치까지 했습니다. 어떻게 이 많은 일을 해낼 수 있었을까요?

Part 1   오늘의 예습 Today's Preview

🎧 MP3 파일 듣기

① It can't be done.
② I hear this all the time.
③ As a matter of fact,
   I love it when someone says
   that no one has ever done this before.
④ Because then, when I do it, that means
   that I'm the first one that has done it.

① 안 될 거야.
② 저는 늘 이 말을 듣습니다.
③ 사실, 아무도 이 일을 한 적이 없다는 말을 들으면 좋아요.
④ 왜냐하면 제가 그것을 할 때,
   그것을 해낸 첫 번째가 된다는 의미니까요.

단어와 표현

* ridiculous [rɪˈdɪkjələs 리**디**큘러스] 웃기는, 말도 안 되는, 터무니없는
* sick of ~에 지친, ~에 신물이 난

① It **can't** be **done**.
   d D   d   D

② I **hear** this **all** the **time**.
  d D   d   D   d   D

③ As a **ma**tter of **fact**, I **love** it
  d d   D   d   D d D d

   when someone **says**
     d   d   D

   that **no** **one** has **e**ver **done** this be**fore**.
   d   D   D' d   D'   D   d   D'

④ Because then, when I **do** it, **that** **means**
  d   d   d d D d   D   D'

   that I'm the **first** **one** that has **done** it.
   d   d d d   D   D'   d   d   D   d

Main Sentence

As a **ma**tter of **fact**
d d   D   d   D

'사실은, 실은' 정도로 해석할 수 있겠죠. 이 표현은 두 가지 경우에 씁니다. 하나는 무슨 말을 한 뒤, 상대가 흥미로워할 사실을 덧붙일 때 씁니다. 두 번째 경우는, 다른 사람이 방금 한 말에 대해서 반대 의견을 말할 때입니다. 우리도 한국어로 '사실은, 실은'이라는 말을 보통 두 경우에 하죠.

① It **can't** be **done**.
   d **D**   d   **D**

'그렇게 되지 않을 거야.'라는 뜻이죠. 이렇게 말하는 사람들은 주변에도 많고, 우리가 우리 자신에게도 말합니다.

내용어는 can't, done입니다. 이것만 봐도 해석이 되죠. 영어는 효율적인 언어니까요. 내용어들을 다 똑같이 힘을 주면 로봇같이 어색해요. 내용어들 사이에서 힘을 조절합니다.
이 문장은 d D d D 리듬이에요. 리듬을 먼저 느껴보고 영어를 대입해봅니다. 훨씬 소리가 매끄럽게 나올 거예요.

② I **hear** this **all** the **time**.
   d **D**   d   **D**   d   **D**

I **hear** this. d D d 바나나 리듬입니다. **hear**만 내용어이죠. h 음소단위 생각해서 훅! 뱉고 돌아오는 소리에 this 처리합니다. I에서 준비, **hear**에서 뱉고, 돌아오는 소리에 this 처리입니다.
all the **time**. all은 dark l 음소단위를 소리 낸다고 생각하면 됩니다. 혀 안쪽을 목구멍 쪽으로 끌어당기면서 '얼' 소리를 내다가 혀끝이 입천장 시작부분에 닿고 소리 내줍니다. dark l이 들어 있는 단어 연습을 많이 하다보면 점점 편하게 나올 거예요. 리듬은 D d D입니다. 내용어 all과 time은 같은 세기로 하면 어색합니다. 영상에서는 **all**에 더 훅! 뱉어줬습니다.

이어서 소리 내볼게요.
I **hear** this **all** the **time**.

'나는 이걸 매일 들어.' 모든 순간에 이런 이야기를 들었겠죠. '안 될 거야, 때려쳐.' 주지사가 되어서도 마찬가지겠죠.

③ As a **ma**tter of **fact**, I **love** it when someone **says**
   d d   D   d   d D d D d d   d   D

that **no one** has **e**ver **done** this be**fore**.
 d   D D'   d   D'   D   d   D'

As a **ma**tter of **fact**. 이 의미단위는 거의 다 자음끝 + 모음시작 구조라 이렇게 다 이어서 소리 냅니다. 'asa**ma**ttero**fact**' 마치 **fact**가 1강세이고, **ma**가 2강세인 한 단어처럼 소리 낼 수 있습니다. 리듬은 d d D d D입니다. 리듬을 충분히 연습하고, 영어를 대입합니다.

I **love** it. d D d 바나나 리듬입니다. love it 아니라 v 다음에 i가 붙죠. 그래서 'I **lov**(e)it', '러빗' 이렇게 편하게 소리 냅니다.

when someone **says**. 이 의미단위에서 내용어는 says밖에 없네요. 정확한 발음과 강세로 먼저 연습합니다.
says를 잘못 발음하시는 분들이 많습니다. '세이즈' 이렇게 발음하지 않습니다. 발음기호를 보면 [sez]이죠. '세즈'입니다. when someone 먼저 편하고 빠르게 나오게 연습합니다.

that **no** one has ever **done** this before. 이 긴 의미단위에서 내용어는 no, one, ever, done, before입니다. 이 중에 어디에 힘을 줘도 괜찮습니다. 영상에서는 **no**, **done**에 훅! 하고 뱉어줬어요.
that 준비, **no**에 훅! 뱉고, 돌아오는 소리에 one has ever까지 처리합니다. 다시 **done**에 훅! 뱉고 this before까지 처리하죠. 이런 들숨 날숨 호흡만 잘해주면 끊이지 않게 할 수 있습니다.

재! 이제 이 의미단위들을 다 이어서 소리 내볼게요. 조금 길지만, 호흡을 잘 이용하면 편하게 할 수 있습니다. 한 번에 소리 내는 것이 부담스러울 때는 의미단위마다 살짝 쉬어도 괜찮습니다.

As a **ma**tter of **fact**, I **love** it when someone **says**
that **no** one has ever **done** this before.

④ Because then, when I **do** it, **that means**
    d   d   d d D d   D   D'

that I'm the **first one** that has **done** it.
 d d d   d   D   D'   d   d   D   d

Because then. 다 기능어입니다. 입에 힘이 들어가지 않게 편하고 빠르게 나오
게 연습합니다.
when I **do** it. d d D d 리듬입니다. **do**만 잘 들리면 되죠. d 음소단위 제대로 터
트려주면서 **do** 살려주세요.

that means. 지시사 that은 힘을 줄 때도 있고, 안 줄 때도 있는 약한 내용어입
니다. 그런데 이 영상에서는 **that**에 힘이 훅! 하고 들어갔어요.
that은 th 소리 제대로 해서 위 아래 이가 혀를 살짝 물었다가 놔주면서 혀가 입안
으로 들어가면서 소리 내줍니다.
means는 내용어지만 **that**에 훅! 뱉었기 때문에 돌아오는 소리에 정확한 강세와
발음으로 해줍니다.

that I'm the **first** one. 이 의미단위에서 내용어는 first one입니다. 나머지는
다 기능어라서 전체적으로 빠르게 소리 낼 수 있습니다. first one 중에 어디다 뱉
어줘도 상관없습니다. 영상에서는 **first**에 훅! 하고 던지고 돌아오는 소리에 one
처리했습니다.

자! 이제 의미단위 하나씩 다 연습해봤으니, 의미단위들 바느질해볼게요.
Because then, when I **do** it,
that means that I'm the **first** one that has **done** it.

298

자, 이제 소리튜닝 반복훈련을 시작해볼까요?

① It **can't** be **done**.

② I **hear** this **all** the **time**.

③ As a **matter** of **fact**, I **love** it when someone **says**
   that **no one** has **e**ver **done** this be**fore**.

④ Because then, when I **do** it, **that means**
   that I'm the **first one** that has **done** it.

> **TIP** 완전히 외울 때까지 발음하면서 Writing도 반복하세요!

훈련 체크 ☐☐☐☐☐☐☐☐☐☐

Part 4 | 한-영 훈련

①안 될 거야.

②저는 늘 이 말을 듣습니다.

③사실, 아무도 이 일을 한 적이 없다는 말을 들으면 좋아요.

④왜냐하면 제가 그것을 할 때,
   그것을 해낸 첫 번째가 된다는 의미니까요.

훈련 체크 ☐☐☐☐☐☐☐☐☐☐

as a matter of fact

실은, 사실은
(앞서 한 말에 더 첨가할 때, 다른 사람이 한 말에 반대하면서 말할 때)
when you are going to give more details or
when you are going to disagree with

> 비슷한 표현으로는 actually, in fact, believe or not가 있습니다.

1. I'm not a poor worker.
   As a matter of fact, I'm very efficient.
   (나는 일 못하는 직원이 아냐. 사실, 난 되게 유능해.)

2. A: Are you new around here?
   (여기 새로 왔어요?)

   B: As a matter of fact, I've lived here for years.
   (사실은, 저 여기서 수년 째 살았어요.)

3. A: Was he in a bad mood?
   (걔 기분이 안 좋았어?)

   B: No, as a matter of fact, he seemed quite cheerful.
   (아니, 실은 꽤 기분 좋아 보였어.)

4.

5.

Day 1~20 – Final Review

1강부터 20강의 복습입니다.

저널 표현들을 확인해볼까요? 영어 문장에는 한국어 해석을 달아보고, 한국어 문장을 보고 영어 문장을 만들어봅시다. 빈 칸에는 해당 저널 표현을 사용해 나만의 표현을 써봐요!

Day 1   **get to**   ~하게 되다

1. I never get to see him now.

2. 당신을 좀 더 알게 되길 바랍니다.

3. 어쩌다 그녀를 알게 됐어.

Day 2   **gonna be = going to**   ~될 것이다

1. I'm really gonna be in trouble with my parents.

2. 우리는 모두 죽을까요?

3. 괜찮을 거야!

serious 심각한, 진지한

1. Are you serious?

2. 설마 진심 아니지?

3. 웃지 마! 나 진지해!

feel bad 미안해 죽겠어, 정말 안타깝다

1. I feel so bad for you.

2. 그녀에게 안타까운 감정이 있나요?

3. 파티에 못 가서 미안해.

What's the matter? 도대체 문제가 뭐야? 무슨 문제 있어?

1. 무슨 일이야?

2. 뭐! 왜 이래~ 바보같이.

3.

I am dying (to V) 죽을 것 같아

1. Oh my god! I'm dying. That was so funny.

2. 네가 너무 보고 싶어!

3. 난 암으로 죽어가고 있어.

---

can't help [it/V—ing] 어쩔 수 없어, 참을 수 없어

1. A: Why are you drinking beer? I thought you quit drinking.
   B: I know but I can't help it.

2. 하품을 참을 수 없어.

3. 당신과 사랑에 빠지는 걸 어쩔 수가 없네요.

---

believe or not 믿거나 말거나, 믿기지 않겠지만

1. I'm over fifty years old, believe or not.

2. 믿기 힘들겠지만, 난 사실 매우 똑똑해.

3.

handle 상황이나 문제를 해결/처리/감당하다

1. What are the best ways to handle stress?

2. 내가 그걸 처리할 수 있을지 모르겠어.

3. 내가 혼자 처리할 수 있어.

in a way 어느 정도는, 어떤 면에서

1. In a way, I hope he doesn't win.

2. 어떤 면에서 그건 사실이야.

3.

That's what I wanna do 그게 내가 하고 싶은 거야

1. That's what I wanna do! I'm going to win a gold medal in Olympics.

2. 이게 네가 원하는 거라면.

3. 네가 하고 싶은 것을 찾아라!

Day 12 **I will say** 완전 인정해! 동의해!

1. A: Does he eat a lot? / B: I'll say!

2. A: 여기에 모든 것이 다 있네! / B: 그러니까 완전!

3.

Day 13 **keep asking** 계속 궁금증을 갖고 물어보다

1. People keep asking why I don't have children.

2. 내가 게이인지 왜 계속 스스로에게 질문해야 하죠?

3.

Day 14 **be ready to do something** 곧 ~할 것 같다

1. I'm always ready to help you.

2. 그녀는 금방이라도 눈물을 터뜨릴 거 같았어.

3. 이 사람들은 국가를 위해 죽을 준비가 되어 있다.

confuse 헷갈리게 하다, 혼동하다

1. It's easy to confuse them because they're so similar.

2. 그의 답들은 헷갈리게 한다.

3. 문제를 어렵게 만들지 마!

What S + V S가 V하는 것

1. Is Japan better to visit than China?
   That's what I heard because it's cleaner.

2. 내가 본 것을 부모님에게 말해야 할까?

3.

be trying to ~ 하려고 하다

1. I am trying to get a job.

2. 나를 무시하려는 거야?

3. 그냥 최선을 다 하려고.

get it 이해하다, 처리하다

1. A: Get it? / B: Got it!

2. 아! 이해했어! 설명해줘서 고마워.

3.

annoying 짜증나게 하는, 성가시게 하는

1. I know a lot of annoying people.

2. 무엇이 널 짜증나게 하니?

3. 너 때문에 짜증나 죽겠어.

be good at 명사/동명사 ~를 잘 한다, 능숙하다

1. If you practice enough, you will be good at tennis.

2. 너 요리 진짜 잘한다.

3.

21강부터 40강의 복습입니다.
저널 표현들을 확인해볼까요? 영어 문장에는 한국어 해석을 달아보고,
한국어 문장을 보고 영어 문장을 만들어봅시다. 빈 칸에는 해당 저널 표
현을 사용해 나만의 표현을 써봐요!

Day 21   **feel for someone**   이해해, 안됐다

1. I felt for him, but there was nothing I could do for him.

2. 난 그녀가 불행하다는 걸 알아. 안타깝지.

3.

Day 22   **classic**   멋진 / 전형적인 / 고전적인

1. That's a classic novel.

2. 걔는 똑똑한데 게으른 전형적인 그런 아이예요.

3. 네가 가장 좋아하는 고전 영화가 뭐야?

It's about time 때가 됐지

1. A: They're getting married. / B: It's about time!

2. 내 동생이 철들 때가 됐는데.

3.

turn down 거절하다

1. Are you gonna turn it down?

2. 은행이 대출을 거절했어.

3. 어떻게 누군가를 잘 거절할 수 있나요?

What's the big deal? 그게 뭐 어쨌다고?

1. So I'm late. What's the big deal?

2. 그게 많은 사람들에게 참 중요한 일이었다는 거 알아.

3. 별일 아냐!

Day 26 **to be honest (with you)** 솔직히

1. She horrifies me, to be honest.

2. 난 그들에게 솔직해야만 했어.

3. 솔직히, 넌 축구를 정말 잘하는 거 같아.

Day 27 **take a chance** 한번 해보다, 운에 맡기다

1. I'm taking a chance on starting my own business.

2. 많은 돈을 잃은 이후, 이번엔 어떤 도전도 안 할거야.

3.

Day 28 **be afraid of [N/to V]** ~을 두려워하다

1. Don't worry! It's nothing to be afraid of.

2. 나는 항상 높은 게 두려워.

3. 네가 생각을 말하는 걸 두려워하지 마.

take a risk 실패할지도 모르는 일을 하다, 위험을 감수하다

1. Every time you invest your money, you're taking a risk.

2. 왜 사람들은 그들의 삶에서 위험을 감수하려 하지 않을까?

3. 빌 게이츠는 마이크로소프트사를 설립할 때 위험을 감수했다.

turn 시간, 차례

1. I'm sure it's your turn to wash the dishes.

2. 이번엔 내가 저녁 살 차례야!

3. 모든 사람이 그렇듯이 당신도 차례를 기다려야 합니다.

not really 그다지, 설마

1. I'm not really hungry now.

2. 너 걔하고 설마 결혼하는 거 아니지, 그렇지?

3.

Day 32 **for some reason** 어떤 이유에서인지, 왜 그런지 모르겠지만

1. For some reason my computer's started crashing.

2. 오늘은 왠지 식욕이 없네.

3. 무슨 이유에서인지 다리가 아파. 그래서 못 걷겠어.

Day 33 **pack something in** ~을 그만두다 / ~에 넣다

1. I'm glad you packed in the smoking.

2. 그는 직장을 그만두고 고향으로 내려갔어.

3. 공간이 있으면, 더 집어넣는 거야.

Day 34 **It's all about** ~가 가장 중요하다

1. I was talking about me. It's always about me.

2. 돈이 가장 중요하지.

3. 이 세상에 너무 바쁜 사람은 없다. 가장 중요한 것은 우선순위이다.

messy 지저분한, 골치 아픈

1. Your hair is very messy.

2. 그의 집은 매우 지저분해.

3.

teach oneself 독학하다

1. How did you teach yourself English?

2. 어떻게 그림 그리는 걸 독학할 수 있어?

3. 뭔가 새로운 것을 독학해라!

favorite 최애

1. Daniel's always been mom's favorite.

2. 그들의 치즈 버거는 항상 내 최애야.

3.

Day 38　**company**　회사 / 일행, 동행

1. I have a company.

2. A: 일행 있으세요?　/　B: 네, 일행이 있습니다.

3. 우리는 혼자가 아닙니다. 우리는 동행이 있습니다.

Day 39　**have a child**　출산하다

1. My sister just had a baby.

2. 저는 2월 초에 임신했고, 여자아이를 출산했어요.

3.

Day 40　**can't believe that**　믿기지 않는다

1. I can't believe that I didn't know that.

2. 해리포터가 진짜가 아니라니 믿을 수가 없어.

3. 이걸 우리가 했다니 못 믿겠어.

41강부터 60강의 복습입니다.

저널 표현들을 확인해볼까요? 영어 문장에는 한국어 해석을 달아보고, 한국어 문장을 보고 영어 문장을 만들어봅시다. 빈 칸에는 해당 저널 표현을 사용해 나만의 표현을 써봐요!

Day 41   **be obsessed with**   ~에 집착하다, ~만 생각하다

1. Obsess about what you want. And focus on it continuously.

2. 사람들은 왜 돈에 집착할까?

3. 아이들은 비디오 게임에 빠져 있어.

Day 42   **be cool with**   어떤 상황이나 제안을 받아들이는 것이 기쁘다

1. Would you be cool with dropping by post office?

2. 난 그거 괜찮아!

3. 난 네가 그게 괜찮은 줄 알았지.

though 그래도, ~하지만

1. This is long. That's okay, though.

2. 어려운 일인데, 그래도 즐거워.

3.

kill it 끝내주네! 죽인다! 끝내라

1. Kill it! Show them who's boss!

2. 우리 오빠가 드럼 치는 거 끝내줘.

3. A: 야! 테스트 어땠어? / B: 끝내줬지! 완전 잘했지!

I just wanna V 나는 단지 V가 하고 싶을 뿐이야

1. I just wanna have fun.

2. 난 술 좀 마시고 싶어.

3. 난 그냥 집에 가고 싶어.

used to 과거에 했거나 경험한, 그러나 더 이상은 아닌

1. I used to eat meat, but now I'm vegan.

2. 나는 예전에 머리가 길었어.

3. 왜 그들이 예전에 나한테 전화했던 것만큼 전화하지 않지?

at the moment 요새, 요즘, 바로 지금

1. We're really busy at the moment.

2. 나는 요새 너무 행복해요.

3.

bother 괴롭히다, 성가시게 하다, 귀찮게 하다, ~를 하려고 애쓰다

1. Don't bother making the bed— I'll do it later.

2. 귀찮게 하지 마!

3. 사람들이 하는 말이 신경 쓰여.

[get/be/become] used to [N/V—ing] 익숙해지다, 적응되다

1. I can't get used to getting up so early.

2. 매일 설거지를 해, 그래서 설거지 하는 게 익숙해.

3. 나는 그런 매운 음식에 적응되지 않아.

kills me 죽겠다, 죽여준다

1. That girl is so good looking she kills me.

2. 다리 아파 죽겠어.

3. 너 때문에 웃겨 죽겠어!

Will you knock it off? 집어치워! 그만해!

1. Knock it off, you two! I don't want to see any more fight!

2. 조용히 좀 해줄래? 나 일하려 하잖아.

3. A: 그만 좀 할래? / B: 뭐? / A: 탁자 그만 쳐!

hilarious 정말 웃기다

1. Her jokes are absolutely hilarious.

2. 네가 봤던 영화 중에 가장 웃겼던 건 뭐야?

3. 〈프렌즈〉 중 가장 재미있는 에피소드는 뭐예요?

You've got to be kidding 농담이지?

1. A: I've decided to quit my job. / B: You've got to be kidding.

2. 말도 안 돼!

3.

fascinate 매료되다

1. What is the one thing which fascinates you the most?

2. 그의 책은 나의 마음을 사로잡아.

3. 삶은 한없이 매력적이다.

We'll see what happens 두고 봐야죠

1. How can I try again after being rejected
   but after that she said "We will see what happens."?

2. 며칠 동안 어찌 될지는 두고 보면 알겠죠.

3.

I wish (that) + S + [과거동사/were/조동사+R] ~면 좋겠다

1. I wish I could.

2. 내가 여자면 좋겠어.

3. 키가 더 컸으면 좋겠어.

I'm not sure 확실하지 않아, 잘 모르겠어

1. I'm not sure about that.

2. 내가 그걸 처리할 수 있을지 모르겠네.

3. 어떻게 하는지 모르겠어.

worth [N/V—ing] 그럴 가치가 있다

1. Is getting rich worth it?

2. 80살 넘어서까지 사는 것이 정말 가치가 있을까?

3. 그게 가치 있을지 모르겠어. 가치 있을까?

It means a lot 정말 고마워요

1. Thank you so much. It means a lot to me.

2. 너는 나에게 참 중요한 사람이야.

3.

ridiculous 터무니없는, 말도 안되는, 믿기 힘든

1. Don't be so ridiculous!

2. 이 바지 입으니까 웃겨 보여?

3. 너 말도 안 되게 굴고 있어!

Day 61~80 – Final Review

61강부터 80강의 복습입니다.

저널 표현들을 확인해볼까요? 영어 문장에는 한국어 해석을 달아보고, 한국어 문장을 보고 영어 문장을 만들어봅시다. 빈 칸에는 해당 저널 표현을 사용해 나만의 표현을 써봐요!

Day 61   **manage**   겨우 해내다 / 시간을 내다, 시간을 가능하게 하다

---

1. I can't manage all this work on my own.

2. 우리 걱정 마! 우린 해낼 거야!

3. 좀 더 일찍은 안 돼?

Day 62   **take something hard**   상심하다, 괴로워하다

---

1. She took it very hard when her husband died last year.

2. 앨런은 엄마의 죽음에 특히 상심했다.

3. 너는 너무 모든 것을 심각하게 생각해.

be offended   기분 나쁘다, 삐치다, 상처받다

1. I'm sorry if I offended you.

2. 걔 농담 때문에 상처받았어.

3.

Day 64   **upside down**   (위 아래가) 거꾸로

1. The picture is upside down! Please turn it right side up.

2. 항아리를 뒤집고 흔들어!

3. 반대쪽으로 돌려줄래? 그거 거꾸로 되어 있잖아.

Day 65   **have an interest in**   ~에 관심을 가지고 있다

1. I have an interest in finance.

2. 나는 사람들에게 말하고 알게 되는 것에 관심이 없어.

3. 나는 이 대화를 계속하는 것에 관심이 없어.

frugal 절약하는, 돈을 쓰는 데 있어서 신중한, 검소한

1. a frugal lifestyle

2. 그는 검소하다.

3. 왜 몇몇의 부유한 사람들은 검소할까요?

pay attention 집중하다, 신경 쓰다, 주목하다

1. I will pay more attention.

2. 미안, 네가 하는 말에 집중을 안 했어.

3.

whether A or B A이든 B이든 (상관없이)

1. Whether you win or lose, you must play fair.

2. 네가 좋든 싫든, 나는 오늘 밤 나갈 거야.

3. 그가 원하든 그렇지 않든, 그는 본인 방을 청소해야 해.

Day 69   **That's just the way (it is)** 원래 그런 거지

1. A: All my roses died in the cold weather.
   B: That's the way it is.

2. 애가 있으면, 원래 그래요.

3.

Day 70   **make a living (by)**   생계를 유지하다, 먹고살다

1. He made a living by working as a cook.

2. 너는 정말 책 팔아서 먹고살 수 있나?

3. 나는 언제나 밥값을 할 수 있을까?

Day 71   **make sense**   이해되다 / 이치에 맞다, 말이 되다

1. It doesn't make sense!

2. A: 걔는 저런 최악의 짓을 왜 하는 거야?   /   B: 이해 안 가!

3. 이제야 모든 게 이해가 되네.

proud 자랑스러워하는 / 거만한, 오만한

1. You must be very proud of your daughter.

2. 네가 틀렸다는 거 인정해! 그리고 너무 거만 떨지 마!

3. 스스로를 자랑스럽게 여겨도 괜찮아.

Day 73 **narrow something down** 선택 가능한 수를 줄이다, 좁히다

1. We can narrow the choice down to red or yellow.

2. 메뉴에 있는 모든 음식들이 맛있어 보여서
   건강한 음식들로 선택의 폭을 좁혔어.

3. 난 두 사람 중 한 명으로 범위를 좁혔어.

Day 74 **be afraid** ~을 두려워하다

1. Hey, don't be afraid.

2. 나는 높은 곳에 가면 무서워요.

3. 네 생각을 말하는 걸 두려워하지 마.

trust in 믿다, 신뢰하다

1. I trust in God.

2. 네가 너 자신을 믿는 것은 중요하다.

3.

what I want 내가 원하는 것

1. I will tell you exactly what I want!

2. 크리스마스에 내가 원하는 것은 너야.

3. 그게 내가 말하고 싶은 거야.

look over one's shoulder 걱정하다

1. My brother is a bit paranoid. He's always looking over his shoulder.

2. 이 비즈니스에서 너는 경계해야 해.

3.

Day 78 **be sick of V—ing** ~하는 것에 지치다, ~하는 것이 지겹다.

1. I'm sick of it!

2. 집안일 하는 거 지겨워.

3. 너한테 질렸어!

Day 79 **bells and whistles** 과도한, 혹은 부수적인 기능/행동

1. Do you have any cell phones with fewer bells and whistles?

2. 그거 정말 단순해. 부수적인 것들이 없어.

3. 내 차는 온갖 최신 부가기능은 다 갖고 있어.

Day 80 **run in the family** 집안 내력

1. We're all ambitious— it seems to run in the family.

2. 나는 단기기억 상실증을 겪고 있어. 집안 내력이야.

3.

81강부터 100강의 복습입니다.

저널 표현들을 확인해볼까요? 영어 문장에는 한국어 해석을 달아보고, 한국어 문장을 보고 영어 문장을 만들어봅시다. 빈 칸에는 해당 저널 표현을 사용해 나만의 표현을 써봐요!

Day 81   **bite – bit – bitten**   깨물다, 한 입, 물린 곳

1. He bites his fingernails.

2. 나는 사과 한 입 먹었어.

3.

Day 82   **get real**   현실적으로 되다

1. Get real! He's never going to give you the money!

2. A: 우린 여전히 이거 끝낼 수 있을 것 같아. / B: 현실을 직시해!

3. 그는 진짜가 아니잖아. 그냥 책에 나오는 캐릭터잖아.

Day 83   **can't wait**   기다릴 수 없어, 당장 하고 싶어

1. I can't wait to see you.

2. 방학이 기다려져.

3. 완전 기대돼!

Day 84   **make an exception**   예외를 두다

1. Please make an exception just this one.

2. 난 보통 사람들한테 돈 안 빌려주거든. 그런데 너니까 예외로 해준다.

3. 걔가 너무 공손해 보이니까 예외를 둘게.

Day 85   **be known for**   ~로 잘 알려져 있다, 유명하다

1. He is known for his good looks.

2. 파리는 에펠탑으로 유명하다.

3.

look forward to V—ing 기대하다, 고대하다

1. I'm really looking forward to my holiday.

2. 너한테 소식 듣기를 기대할게.

3. 내일 기대하는 게 뭐야?

have (something) in common 공유하다, 공통점이 있다

1. Well, we have one thing in common, we both hate broccoli.

2. 엄마와 아빠는 공통점이 많아. 왜 두 분이 서로 좋아하시는지 알겠어.

3.

take it on the chin 고통 등을 참다, 견디다

1. My son didn't cry when he fell off his bike, he took it on the chin.

2. 비판을 받아들이고 참고 견뎌야 한다.

3.

manage 처리하다, 다루다, 관리하다

1. I can't manage their child.

2. 시간을 좀 더 잘 관리하는 방법에 대한 조언 좀 주시겠어요?

3. 당신은 이메일 관리하는 법을 이해해야 합니다.

Day 90 **bother** 애쓰다, 괴롭히다, 화나게 하다

1. Don't bother me when I'm working.

2. 귀찮게 해서 죄송한데요, 좀 도와주시겠어요?

3. 일하러 갈 필요도 없는데 왜 일찍 일어나요?

Day 91 **burn out** 지치다, 나가 떨어지다

1. I'm gonna burn out. Let me go home.

2. 항상 너무 열심히 하지 마. 너 지칠 거야. 진정해.

3. 바이러스가 죽지 않아. 퍼지고 있어.

blow someone's cover ~의 비밀을 드러나게 하다

1. Asking those kind of questions could blow my cover.

2. 저쪽으로 갈 수 없어, 내 정체가 탄로 날 거야.

3.

can't handle ~를 못 먹어, ~를 몸이 못 견뎌

1. I can't handle spicy food.

2. 나는 스트레스 처리를 못하겠어.

3. 내가 처리할 수 있어.

cut the line 새치기 하다

1. You can't cut the line!

2. 제가 좀 급해서 그러는데요, 제가 새치기 좀 해도 되나요?

3. 어떤 사람이 새치기 하면 어떻게 해야 해요?

a great deal 상당히 많은, 다량의, 산더미

1. I don't drink a great deal.

2. 나 되게 많이 여행해.

3.

dig [someone/something] 좋아하다, 이해하다

1. A: Do you understand what I told you?   /   B: Yeah! I dig you.

2. 난 단지 네가 말하는 게 이해가 안 돼.

3. 나 그녀한테 데이트 신청할 거야. 왜냐하면 내가 정말 그녀를 좋아하거든.

go through 나쁜 경험을 하다 / 검사하다

1. I've gone through too much. I deserve to be happy now.

2. 옷들을 세탁기에 넣기 전에 주머니 확인해야 해.

3.

the bottom line 결론

1. The bottom line is clear.

2. 그게 결론이야.

3. 그래서 결론이 뭐야?

had it not been for = If it had not been for,
S + 조동사과거 + have + p.p ~이 없었다면 ~했었을 텐데

1. Had it not been for you, what would I have done?

2. 네가 없었더라면, 나는 그걸 해내지 못했을 거야.

3. 당신의 도움이 없었다면, 나는 실패했을 거야.

as a matter of fact 사실은, 실은

1. I'm not a poor worker. As a matter of fact, I'm very efficient.

2. 사실은, 저 여기서 수년 째 살았어요.

3.

Confidence is my second nature.
자신감은 나의 두 번째 천성이다.

갓주아의 15주차 소리튜닝 특강
– 단계별로 차근차근 올라갑시다!

미국 아이들이 영어하면 어떤 생각 드세요? '천잰가?' 이런 생각이 들죠. 한국어를 배우는 외국인도 그럴 거예요. 한국 아이들이 한국어 하는 걸 보면 '천잰가?' 그런 생각이 들겠죠.

저도 예전에 러시아어를 배우고 러시아에 잠깐 갔었어요. 러시아어는 정말 문법이 어렵거든요. 주어에 따라서 동사가 다 바뀌어야 돼요. 머리가 부서질 것 같아요.
어느 날 버스를 탔는데 5살도 안된 것 같은 러시아 아이가 러시아어를 하는데 주어에 따라서 동사를 완벽하게 다 바꾸는 거예요. '쟤는 천잰가? 부럽다.' 이렇게 생각을 했었던 적이 있었어요.

1단계 소리튜닝의 6세 정도의 시간이 지나고 나면 그 다음 2단계는 12세라고 했잖아요. 12세 단계까지 가기 위해서 아이들이 많이 하는 활동이 뭐죠? 표현을 무지하게 기억해야 돼요. 그러기 위해서 뭘 합니까? 대화도 많이 하지만 책을 많이 읽죠. 읽으면서 다양한 주제에 대한 표현을 미친 듯이 외우기 시작하는 거예요. TV에서 배울 수도 있는 거고요.

우리가 영어를 하는 단계는 아이가 모국어를 배우는 방법을 여러분이 그냥 그대로 똑같이 하시면 되는 거죠.

그래서 첫 번째 단계는 엄마의 소리를 듣고 소리를 계속 캐치하는 연습을 하셔야 되는 거예요. 그리고 나서 표현을 무지하게 기억하고, 그리고 나서 내뱉기 시작하고. 이런 느낌으로 하시는 거죠.

저는 첫 번째 책, 〈10년째 영알못은 어떻게 100일만에 영어천재가 됐을까?〉에서 이런 로드맵을 다 마련해놓은 거예요.

단계가 있으면 1단계가 지나고 나면 어느 정도 될 거라는 수준을 생각하고 하잖아요. '원래 이 정도 된다고 했지? 이 정도 됐네.' 이러면 좌절감이 없죠. 그리고 나서 2단계로 가실 수 있는 거예요.
그런데 단계가 없으면요? '나 이거 다 끝내면 완벽하게 영어천재된다!' 하고 시작했는데 공부 끝냈는데도 그렇지 않으면 좌절해요.

그래서 단계가 필요하고, 단계별로 공부하고 훈련하셔야 되는 거예요.

영어가 저절로 나오는 기적의 5주 중첩 실행노트

매주 중첩 복습을 할 때마다 세 영역(쉐도잉 속도, 힘·리듬 조절, 한-영 훈련 숙련도)의 훈련 실행 정도를 스스로 체크해보세요. 얼마나 숙달되었는지, 더 필요한 연습은 무엇인지 등 꼼꼼하게 평가해봅시다.

ex)

Week 11	영역별 훈련 평가		
Date	쉐도잉 속도	힘·리듬 조절	한-영 훈련
6/17	원본 영상과 동시에 말할 수 있다	연설들은 특히 감정 살리는 연습	Day 75 연습 필요
6/24	속도에 치중하다 보니 발음이 뭉개지는 느낌	heart vs. hurt world vs. word	Day 71 연습 필요
7/1	전반적으로 급하다	content 강세 주의	narrow ~ down 예문으로 암기
7/8	Day 71 집중 연습	연설문 뒷부분도 힘 조절하여 연습	전체 복습 필요
7/15	속도는 확실히 만족!	제스처 살려보기	속도, 힘, 리듬, 감정 전부 신경쓰자!

Week 11	영역별 훈련 평가		
Date	쉐도잉 속도	힘·리듬 조절	한-영 훈련
/			
/			
/			
/			
/			

중점 훈련 확인 사항

- 복습할수록 입에서 영어 나오는 속도가 빨라졌는가?
- 농구공 튀기듯 힘 조절하며 발음하고 있는가?
- 한–영 훈련 단계에서도 리듬을 살려 훈련했는가?
- 쓰기는 꾸준히 실천하고 있는가?

Week 12	영역별 훈련 평가		
Date	쉐도잉 속도	힘 · 리듬 조절	한–영 훈련
/			
/			
/			
/			
/			

Week 13	영역별 훈련 평가		
Date	쉐도잉 속도	힘 · 리듬 조절	한–영 훈련
/			
/			
/			
/			
/			

Week 14	영역별 훈련 평가		
Date	쉐도잉 속도	힘 · 리듬 조절	한–영 훈련
/			
/			
/			
/			
/			

Week 15	영역별 훈련 평가		
Date	쉐도잉 속도	힘 · 리듬 조절	한–영 훈련
/			
/			
/			
/			
/			

CERTIFICATE OF COMPLETION

This certification is awarded to

In recognition of successfully completing the following training program:

The 100 day Project of English Vocal Tuning

Stage 3 – Miracle of 5 Weeks

장주아

Date